本书得到河北省社会科学基金项目《房产税试点的经济效应研究》（HB15YJ060）、2017年度河北省社会科学重要学术著作出版资助项目、河北省社会科学发展研究课题（201707020204）以及河北经贸大学商学院房地产研究中心资助，特此感谢。

经济新常态背景下城市房价上涨分析及治理

The Analysis and Governance of
Urban Housing Appreciation
in the Context of Economic New Normal

柴国俊◎著

经济管理出版社
ECONOMY & MANAGEMENT PUBLISHING HOUSE

图书在版编目（CIP）数据

经济新常态背景下城市房价上涨分析及治理/ 柴国俊著. —北京：经济管理出版社，2017.12

ISBN 978-7-5096-5489-7

Ⅰ. ①经… Ⅱ. ①柴… Ⅲ. ①城市—房价—研究—中国 Ⅳ. ①F299.233.5

中国版本图书馆 CIP 数据核字（2017）第 278958 号

组稿编辑：赵亚荣
责任编辑：赵亚荣
责任印制：黄章平
责任校对：张晓燕

出版发行：经济管理出版社
（北京市海淀区北蜂窝 8 号中雅大厦 A 座 11 层 100038）
网　　址：www.E-mp.com.cn
电　　话：（010）51915602
印　　刷：北京玺诚印务有限公司
经　　销：新华书店
开　　本：720mm×1000mm/16
印　　张：14.75
字　　数：207 千字
版　　次：2017 年 12 月第 1 版　2017 年 12 月第 1 次印刷
书　　号：ISBN 978-7-5096-5489-7
定　　价：68.00 元

联系地址：北京阜外月坛北小街 2 号
电话：（010）68022974　邮编：100836

序言 I

2017 年 4 月 1 日国家宣布了建设继深圳、浦东之后又一个国家意义的雄安新区的消息，引起国内外广泛关注。之后不久我校就接到上级有关部门关于雄安新区人口和住房政策的专家意见征询，当时还为没有现成的专门研究雄安新区的成果而着急。就在前几天，我看到了青年博士柴国俊副教授关于《经济新常态背景下城市房价上涨分析及治理》的书稿，令我惊讶的是，这部书稿里居然有关于雄安新区住房问题的分析。雄安的话题引起了我的兴趣，读后觉得是本好书，值得一读，这就是推荐此书出版的最初原因。

对于本书，我有以下感受：

这是一本“学术人”的学术之作，不是那种应景的书。举贤不避亲。我所了解的作者柴国俊博士有着深厚的理论基础，也是我的西南财经大学校友。当时他来到河北经贸大学任教也是由我的导师推荐的——我的导师刘灿教授做事十分有分寸，西南财经大学每年都有几百名博士生毕业、就业，但柴国俊是她所推荐的唯一的一个，称他是经济与管理研究院的优秀生。所提经济与管理研究院是西南财经大学的“特区”，特就特在她的几十位教授全是清一色的欧美“海归”，而且都是留学期间的佼佼者，每一位都站在国际学术的前沿关注中国改革发展中的现实问题，对报考该院的博士要求自然也十分苛刻。柴国俊正是该研究院的博士毕业生，学术扎实，方法先进，思考前沿，而且做人淳朴，为学踏实，不善哗众取宠，来我校后不久就在复旦大学的《世界经济文汇》等多家专业期刊发表有相当学术含量的专业论文。我认为，作者实力和为学态度，是对著作水平的最好担保。

这是一项有思想的实证研究。本书主要基于中国家庭金融调查（西南财经大学经济与管理研究院著名学者甘犁教授组织的一项在全国产生重大影响的调查）、中国健康与营养调查、中国综合社会调查等微观数据以及城市层面中观数据做了大量实证研究。利用案例研究的方法考察崇礼房价上涨问题和雄安新区设立对当地住房市场的影响；利用回归和分解的方法、双重差分和事件研究相结合的方法、合成控制方法、空间分析的方法等考察住房价格上涨与家庭消费、财富如何互动等一系列问题。研究指出了住房市场的双重属性，认为住房作为消费品和投资品，关联着实体经济和虚拟经济。本书选取崇礼和雄安新区做案例分析，认为收入不平等不能影响房价上涨，但财富不平等显著抬高了房价，这启示我们精准调控住房市场的方式和方向。基于此，本书提出了两种治理城市住房市场的思路：开征房产税和关注社会流动。本书总结近些年我国住房市场的调控实践，认为 2017 年前以调需求为主，2017 年后调供给有所侧重，并转向长效机制探讨。

这是一本有创新的书。本书考察住房价格上涨对家庭消费的影响、财富差距对房价上涨的影响，认为房价上涨引起家庭消费的分化，财富差距显著提升了房价上涨程度，并指出住房市场治理策略，即短期内开征房产税，长期内关注社会流动。从细节来看，以往研究对房产税开征如何影响房价莫衷一是，本书在考察沪渝房产税试点后认为，短期会抬高房价，但随着时间的推移房价会降低。另外，鲜有研究从空间层面考察发展中国家的社会流动特征，本书第八章实证找寻影响社会流动的因素，提出了政府自上而下的基础教育投资、再分配政策同普通家庭自下而上的社会流动相结合是缓解贫困的有效治理路径的观点。

这是一本多方协同并有前期积累的书。基于前期担任“中国家庭金融调查”主管的经历和基础，作者陆陆续续考察了社区质量与住房价格、崇礼房价、住房增值对消费的影响、财富差距、沪渝房产税、空间上的社会流动现象，现在，放在经济新常态背景下，用“城市住房价格上涨的分析和治理”这一主线把这些思考联系了起来。本书的参与研究者有河北经贸大学、首都经济贸易大学、北京交通大学、四川大学、新加坡国立大学、西南财经大学、郑州大学、厦门大学、崇礼县物价局等单位的诸多专家学者和实际工作者，前期曾在《财贸经济》《经济资料译丛》《中国经济问题》《河北经贸大学学报》《劳动经济评论》《经济与管理》等高层次学术期刊发表相关研究成果，为本书提供了宝贵和雄厚的思想积累和素材基础，而本书则是对前期研究的进一步深化。

相信此书的出版将会对城市房价上涨成因、影响及治理的研究产生积极作用。

特予推荐并作序。

武建奇
河北经贸大学副校长
2017年6月

序言Ⅱ

中国住房市场是高速发展的市场。从 1998 年福利分房制度终结到现在，不足 20 年，但住房价格和住房面积均发生了很大的变化。国家统计局数据显示，2000 年全国住宅商品房平均销售价格为每平方米 1948 元，销售面积为 16570. 28 万平方米，到 2015 年这两个数字分别达到 6473 元、112412. 29 万平方米，分别是 2000 年的 3. 32 倍和 6. 78 倍。住房配置方式的改革释放出民众对耐用品的购买力，蓬勃发展的住房市场积累起大量财富效应，势必对家庭行为构成深远影响，这会吸引经济学者持续做理论和实证研究。呈现在大家面前的作品正是河北经贸大学副教授柴国俊博士这几年潜心研究中国住房市场的成果。

柴国俊博士是我认识多年的学生和朋友。最初认识他是 2006 年在西南财经大学教授“金融经济学”的课堂上，那是一门数理推导较多的课程，但他总是专注而努力地学习。后来他进入西南财经大学新成立的经济与管理研究院学习，该学院的培养方式是“美国培养、中国制造”。几年严格的学术训练夯实了大家的“三高”基础，培养起微观计量分析的方法。国俊博士毕业前一年加入当时的西南财经大学家庭金融调查初始团队，在最艰苦的时段为设计问卷、组织调研贡献力量，成为首届中国家庭金融调查“劳动模范”。毕业后他为了爱人来到河北经贸大学教书育人，后来我在国俊盛邀下赴他工作单位做讲座，勉励他处理好教学和科研以及事业和家庭之间的关系，其间还谈到利用首轮中国家庭金融调查数据做财富效应研究，并提供文献。不到一年，他整理数据、回归模型、撰写文稿，最后成果顺利发表。我调到现工作单位后，仍能时不时地听到他勤奋工作的消息。中国家庭金融调查总负责人甘犁教授曾说：“一直努力的人，一定不会差！”这句话用在国俊身上是非常合适的。

前段时间，收到国俊博士邀请，为本书作序，我欣然应允。近日认真翻阅书稿，发现本书对中国的房地产市场现状、住房的双重属性、社区质量与住房价格、住房的财富效应、住房与家庭财富差距、城市住房的治理等重要问题进行了深入的研究，在学术和政策层面均具有重要价值。在字里行间，我能感受到现在高校青年教师的学术潜力和社会责任感。相信您读来也会眼前一亮，对当前房地产市场的机遇和挑战会有更深刻的认识。

是以为序。

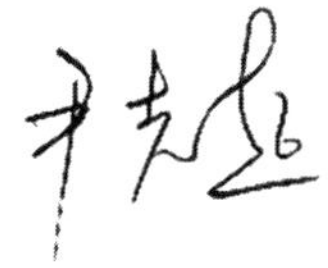

首都经济贸易大学金融学院院长

2017 年 7 月

前 言

2000年以来，房地产业一直被认为是国民经济的支柱产业，由此引发住房市场的贫富差距问题。本书基于经济新常态背景，对当前城市房价上涨事实进行理论和实证研究，为抑制住房投机行为、缓解住房分配不均等、转变经济发展方式等决策制定提供治理思路。

本书分九章内容考察城市住房价格上涨的前因后果及治理途径。第一章是引论，介绍本书研究背景、研究内容、研究方法和创新之处等，提出在新常态背景下，经济需要转型，住房市场亦需升级和调整。第二章概括介绍城市住房市场存在发展迅猛、供需结构转变、空间分化、保障性住房稀缺四大特点，指出住房不平等矛盾和困境。第三章先总结住房的消费和投资双重属性，再理论阐释房价房租公式和四象限模型，并通过河北省近期发生的两个典型案例说明本地人对住房的基本需求和外地人对住房的投资需求并存，造成房价奇高、社会不稳。此外，本章还谈到以租代售的共享经济思维，尝试将其引入房地产领域，缓解当前的巨量库存和空置现象。第四章实证考察社区质量对住房价格的影响，基本观点是，平均受教育年限、职业多样化等人力资本因素正效应显著，而民族多样化等文化资本对房价具有明显的负效应。第五章实证考察财富不平等对城市房价上涨的影响，发现财富差异越大的居委会，其住房价格上涨越明显，但住房多寡无法改变财富差距及其不可解释部分的占比。第六章实证考察房价上涨对城市家庭消费的影响，认为不同家庭住房数量差异导致消费出现分化，验证了纯财富效应和预防性储蓄假说。第七章实证考察沪渝房产税试点对住房市场和土地市场的综合效果和时间效应，发现开征房产税短期内抬高房价，但幅度会随时间推移而下降，所征税收目前尚无法提供地方财力支撑。第八章实证分析中国空间维度的代际流动现象，发现社会流动的积极因素包括人口规模、城市平均受教育水平、党员或国有部门比重，阻碍因素有农村户口、收入隔离程度、收入不平等，认为自上而下的公共教育投入和自下而上的社会流动有利于破解类似住房多寡导致的贫富冲突困境。第九章总结全书，并讨论调控思路，认为当前房地产业发展应与经济激励相匹配、与宏观实体经济发展相关联、与城镇化模式相一致。

本书的创新和贡献主要表现在以下三个方面：

第一，选题视角具有新颖性。区别于以往建筑规划学、政治学的相关研究，本书选取经济学和社会学视角，审视中国城市住房市场的贫富差距等问题。具体而言，本书结合当前热点和文献，就社区质量如何作用于住房价格、财富不平等对房价上涨的影响以及房价上涨对异质性家庭情形下消费支出的影响做经济学分析，试图为缓解分配不均等社会矛盾、扩大家庭消费的决策制定提供理论参考；本书还对沪渝试点城市的房产税开征做住房市场和土地市场的综合经济效果分析，从空间维度实证考察中国社会流动的现状和影响因素，尝试找寻社会经济学在当前转型中的中国的适用性和规律性。

第二，研究观点具有一定创新。本书考察社区质量如何作用于住房价格、财富差距如何影响房价上涨、房价上涨对家庭消费的影响，认为人力资本显著影响房价，但文化资本影响不显著，财富不平等显著提升了房价上涨程度，住房增值引起家庭消费的分化，并指出住房市场治理的长效机制，即近期开征房产税，远期关注社会流动。就房产税来看，以往研究对房产税开征如何影响房价莫衷一是，本书考察沪渝房产税试点后认为，房价随时间呈现倒“U”型。另外，鲜有研究从空间层面考察发展中国家的社会流动特征，本书实证找寻影响社会流动的因素，认为政府自上而下的基础教育投资、再分配政策同普通家庭自下而上的社会流动相结合是缓解贫困的有效治理路径。

第三，所用数据和方法科学可靠。本书主要基于中国家庭金融调查、中国健康与营养调查、中国综合社会调查等微观数据以及城市层面中观数据做了大量实证研究。所用方法表现在：利用案例研究的方法考察崇礼房价上涨问题和雄安新区设立对当地住房市场的影响；采用特征价格模型考察社区质量特征对住房价值的作用；利用回归和分解的方法考察房价上涨与家庭消费、财富如何互动；利用双重差分和事件研究相结合的方法考察沪渝房产税开征的经济影响，能够检验政策实施整体效果并深入分析时间效应；考虑到合成控制方法对两城市构成的实验组情形更为合适，故做上海房产税试点的实证检验和讨论；最后，利用空间分析的方法跟踪 Chetty 等人的美国研究，考察中国社会流动的空间表现和决定因素。

关键词：经济新常态；房价上涨；财富差距；房产税；社会流动

Abstract

Since new millennium, real estate industry has been regarded as fundamental one, which results in wealth differential in housing market. In the Economic New Normal context, this book does a theoretical and empirical research on the urban housing appreciation. It tries to provide relevant governance thoughts to impede the housing investment behavior, alleviate housing allocation inequality, and transform the way of economic development.

The book includes 9 chapters. Chapter 1 is the introduction, briefly illustrates the research background, contents, methodologies, and contributions. It introduces the New Normal background, the economy needs to transform, and the housing market is also eager to upgrade and adjust. The second chapter lists the 4 features of urban housing market: Tremendous increase, structural change on both demand and supply sides, differentiation of space, shortage of public housing. These are the conflicts and delemma of housing inequality. Chapter 3 firstly summarizes the attributes of both consumption and investment for housing, then demonstrates the theoretical parts such as 4 quadrant models and price-rent equation. This chapter finally does a case analysis of two examples from recent Hebei, which the coexistence of basic need for housing of the local residents and investment need for rich ones outside gives rise to the phenomena of increase in housing price and social instability. In addition, this chapter mentions the think way of renting rather than selling based on sharing economy. It tries to introduce that into the real estate field and ease the huge inventory of housing stock and vacancy rate. The fourth chapter empirically investigates the influence of neighborhood quality traits on housing price. The key point is that, human capital has significant positive effect on housing price while cultural capital is significantly negative. Chapter 5 testifies the wealth inequality on the housing appreaciation, and concludes that the larger wealth inquality on the community level, the more increase in housing price, but the housing wealth cannot change the wealth gap and its proporation of the unexplained part. The sixth chapter empirically investigates the impact of housing appreciation on household expenditure. It concludes that the difference of housing number among households results in differentiation of consumption, verifying the existence of pure housing wealth effect and precautionary saving hypothesis. Chapter 7 studies the impact of property tax on the housing market and land market simultaneously and the specific effect along the time. It turns out that imposing property tax will on the whole increase housing prices significantly and then press housing price down moderately as time goes by, but cannot temporarily substitute the land finance. Chapter 8 analyses the spatial determinants to social mobility in China, and finds population size, average educational attainments, proportion of CPC or SOE memberships on the prefecture level will promote the social mobility while rural Hukou, income segmentation, and income inequality will hamper that. It, therefore, believes that the combination of public education investment from top down and upward social mobility from bottom up will solve the above wealth conflicts between the rich and poor. The last chapter is chapter 9, which draws a conclusion and discusses the policies to regulate and control housing market. It considers that the development of real estate industry should be supported by economic incentives, be linked with macro and real economy, and be consistent with urbanization mode.

The book has 3 contributions and innovations as follows.

On the first place, the perspective is novel. Different from the previous literatures in the aspects of architecture, planning, or politics, this book chooses the perspective of economics and sociology, and investigates the wealth differential of housing market. Specifically, based on the hotpots and literatures, it does an economic analysis on the influence of neighborhood quality on housing price, the impact of wealth inequality on the housing appreciation, and impact of housing appreciation on expenditure of heterogeneous households in order to provide theoretical guidelines to hormorize the distribution conflicts and improve the household consumptions. This book also studies the comprehensive effect of property tax pilot programme for housing and land market, and empirically analyses the pattern and determinants to verify the application and law of social economics in transitional China from the spatial dimention.

On the second place, research conclusion is innovative. The book investigates the impact of neighborhood quality traits on housing price, wealth differential on the price increase, and the increase in housing price on the consumption of households. It concludes that human capital significantly impacts housing price while the impact of cultural capital is negative, wealth inequality increases the housing appreciation, and housing appreciation gives rise to differentiation of consumption. So the governance way is to build up the long-term mechanism for housing market, i. e., impose property tax in the near future and promote the social mobility in the far future. In terms of property tax, the previous arguments are inconclusive. The book investigates the impact of property tax on housing price in both Shanghai and Chongqing, and finds the inverted U-shaped curve. For another example, few scholors study social mobility in developing countries from the perspective of space. This book empirically tries to pursue the answer to social mobility in China, and finds out the joint effort of top down education investment and redistribution policy and bottom up social mobility will alleviate the poverty issues.

Last but not the least, the data and methods are reliable. Based on microdata such as China Household Finance Survey, China Health and Nutrition Survey, and Chinese General Social Survey, and also mid-level dataset from city yearbook, this book conducts lots of empirical studies. The methodologies include: Employing case analysis method to investigate the influence of recent price increase in Chongli and impact of establishment of Xiong'an on local housing market; Employing Hedonic Pricing Model to investigate the impact of neighborhood quality traits on housing price and its mechanism based on community-level amenity indices; Using regressions and decompositions to analyse the interaction of housing appreciation and family consumption and wealth; Studying the impact of property tax of Shanghai and Chongqing through the methods of Difference in Difference and case study; Also discussing Shanghai's case using Synthetic Control Methods; Last doing an investigation of social mobility in China following Prof. Chetty's work in the US from the perspective of space.

Key Words: Economic New Normal; Housing Appreciation; Wealth Differential; Property Tax; Social Mobility

目　录

图表目录

第一章　引　论

一、研究背景和研究意义

（一）研究背景

新常态（New Normal）是当前社会的高频词汇，反映现阶段出现的新特征。根据维基百科，该词最初由 PIMCO 前 CEO El-Erian 在一次演讲中提出，指 2007 年金融危机阵痛后呈现的正常结果①。“新常态”随后被 BBC 等国际媒体广泛使用，反映全球经济不景气和不确定现实。我国新常态描述始于党政领导人讲话。2014 年 11 月 9 日习近平总书记在亚太经合组织（APEC）工商领导人年度峰会上首次系统论述了中国经济新常态的三个特征：从速度看，由高速增长转为中高速增长；从结构看，经济结构不断优化升级，第三产业消费需求逐步成为主体，城乡区域差距逐步缩小，居民收入占比上升，发展成果惠及更广大民众；从动力看，由要素驱动、投资驱动转向创新驱动。自此，新常态被我国政界、学界大量使用。北京大学卢锋教授曾总结，旧常态下增长速度偏高、经济偏热、经济增长不可持续，引起环境污染加剧、社会矛盾增加以及国际压力变大等后果。

① New Normal (business), https://en.wikipedia.org/wiki/New_Normal_(business).

可以认为，旧常态代表第三轮全球化的繁荣时期和大稳定（Great Moderation）时期（李扬和张晓晶，2015）。这里的大稳定或大稳健来自宏观调控的积累和改善、技术水平和国家创新系统的完善、中国新兴国企的创立（李猛，2015）。新常态即是“在新的发展阶段，出现的新机遇、新条件、新失衡等，正逐渐成为经济发展中较长时期稳定存在的特征”（刘伟和苏剑，2015），表现为人口红利的消失、经济增速的下降和贸易顺差幅度的下降等。其一个重要特点是，在各个领域中全面深化改革，同时平衡好经济发展的短期和中长期目标（金碚，2015）。正如2014年12月12日《人民日报》传达中央经济工作会议指出的，习近平总书记要求大家，“认识新常态，适应新常态，引领新常态，是当前和今后一个时期我国经济发展的大逻辑。”官方权威说法是，自2013年，中国经济进入“三期叠加”，即经济增长速度的换挡期、结构调整阵痛期、前期刺激政策消化期，进而认为“三期叠加”将是日后五年甚至更长时间的新常态，这段时间需要适度加强需求管理，着力推进供给侧结构性改革。

新常态可以表现在政治、经济、文化等多个方面。政治新常态在2016年表现尤为突出，包括美国商人总统Donald Trump上台后推行的反全球化、英国女首相Theresa May上台后力主的脱欧进程，均让世界充满不确定性。如图1-1所示，著名的经济政策不确定性指数EPU显示，不论全球还是中国，各个经济体均有不确定性，特别是2013年以来，EPU指数大幅提升，表明当前主要国家的不确定性的确增强，这着实考验着各国经济政策的有效性和稳定性。历史上，中国加入世界贸易组织（WTO）极大地降低了贸易政策的不确定性，导致中国出口贸易增加、流入中国资本剧增、美国产品价格下降和本地消费者收入增加（Handley和Limao，2017）。当前英国脱欧（Brexit）对全球经济平衡同样具有重要影响，人们正拭目以待。在全球化时代，各国竞争是综合实力的角逐，是高端人才的竞争，是超前理念的较量。

经济新常态影响国家的基本面，故备受政界和学界关注。世界银行最

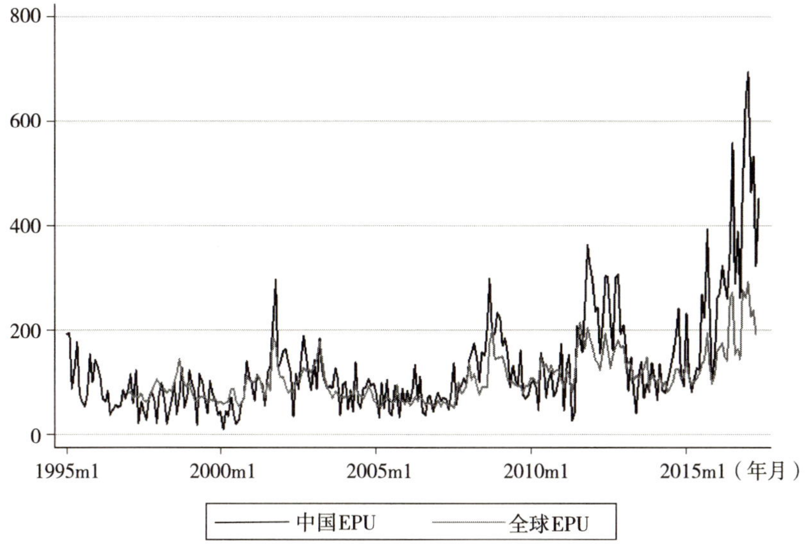

图 1-1 近年全球和中国经济政策不确定性指数 EPU 变化趋势

资料来源：作者整理自“Measuring Economic Policy Uncertainty” by Scott Baker，Nicholas Bloom and Steven J. Davis at www. PolicyUncertainty. com。中国 EPU 根据香港《南华早报》“中国”“经济”“不确定性”统计折算而成，全球 EPU 类似，统计 Australia，Brazil，Canada，Chile，China，France，Germany，India，Ireland，Italy，Japan，the Netherlands，Russia，South Korea，Spain，Sweden，the United Kingdom，and the United States 共 18 个主要国家主要报纸每月上述关键词出现频率，然后以当前价 GDP 做权重计算得到。

新统计显示，2014~2016 年全球 GDP 增长率依次为 2.831%、2.734% 和 2.438%，远低于近十年平均水平 3.446%。最近三年来，我国的主要经济指标 GDP 同比增长率、CPI 同期相比均大幅下降。如图 1-2 所示，2010 年 2 月工业增加值同比增长率、CPI 分别高达 12.8% 和 103.3%，到 2015 年 12 月分别下降为 5.9% 和 101.6%。

时代呼唤世界领袖，中国顺势而为，国家领导人积极参加国际会议，推销中国产品和服务，讲好中国故事，适时推出“一带一路”倡议（the Belt and Road Initiative），并开展同周边发展中国家的深入合作。例如，2013

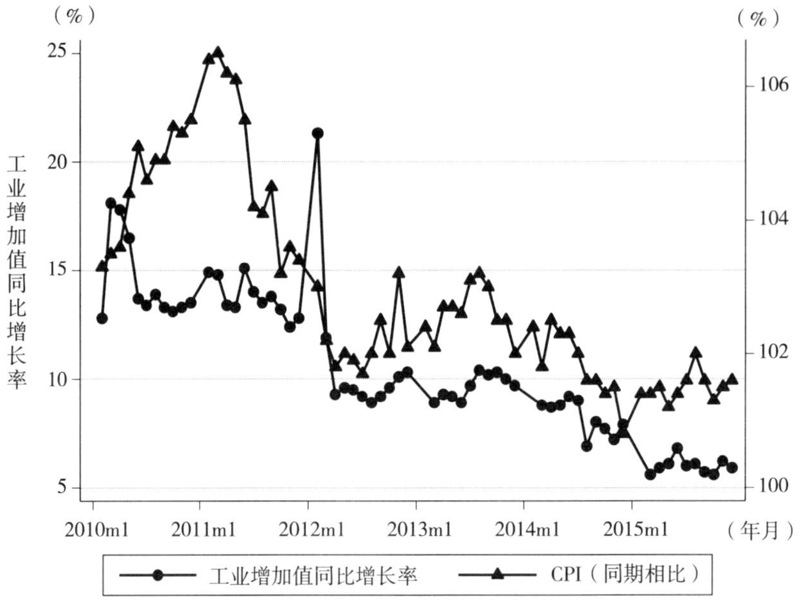

图 1-2　近年工业增加值增长率和 CPI 变化趋势

资料来源：作者整理自国家统计局数据。

年 10 月 7 日，习近平总书记在 APEC 工商领导人峰会上发表演讲，指出“中国不再简单以 GDP 增长率论英雄，而是强调以提高经济增长质量和效益为立足点”。2017 年 6 月 27 日，李克强总理在夏季达沃斯论坛上发表演讲，认为中国经济增长正在“从过去的过多依靠投资、出口拉动，转向更多依靠消费拉动、服务业带动和内需支撑”。为此，他呼吁各国政府提供人人参与的机会，倡导自由贸易和包容性增长。再如，2017 年 1 月 17 日国家主席习近平在世界经济论坛上发表演讲，认为世界不确定性的上升并非来自经济全球化，而是缺乏合作和稳定。亚洲基础设施投资银行（AIIB）的创立和“一带一路”理念的实施是以中国为首的广大发展中国家和部分发达国家积极合作的结果，正在发挥美国“次贷危机”以来越来越大的国际协作功能和经济稳定功能。

中国作为当今世界上最大的发展中国家，正从传统的计划经济体制转向市场配置资源的社会主义市场经济体制。过去30年，中国曾创造经济腾飞的奇迹，现在随着要素市场的改革和发育以及国际环境的演变，各种红利正在消失。2014年8月美国波士顿顾问公司（BCG）发布咨询报告《全球制造业的经济大挪移》，对全球出口总额排名前25的经济体进行比较，若以美国的制造成本为基准100，则中国的制造成本指数高达96，劳动和土地等生产要素低成本的比较优势已不复存在。经济增速下滑和制造业优势丧失的事实启示我们，必须坚持“稳中求进，改革创新，切实把推动发展的立足点转到提高质量和效益上来”。供给侧结构性改革应运而生。所谓供给侧结构性改革，权威人士认为“就是从提高供给质量出发，用改革的办法推进结构调整，矫正要素配置扭曲，扩大有效供给，提高供给结构对需求变化的适应性和灵活性，提高全要素生产率，更好满足广大人民群众的需要，促进经济社会持续健康发展”（龚雯等，2016）。进行供给侧结构性改革，就是宏观政策要稳、产业政策要准、微观政策要活、改革政策要实、社会政策要托底。具体要完成好去产能、去库存、去杠杆、降成本、补短板，这些措施解决的根本办法都得依靠改革创新。就房地产而言，制造业低成本优势不再明显，外需拉动型经济增长方式难以为继，住房市场主体务必转变思路。

（二）研究意义

自2003年国务院发布《关于促进房地产市场持续健康发展的通知》（国发〔2003〕18号文件）以来，房地产业一直被认为是国民经济的支柱产业之一，为城市建设提供财政来源，能够带动上下游诸多产业，吸纳大量农民工等群体就业，对宏观经济的拉动作用和社会稳定的维护功能举足轻重。通过严谨考察房地产的投入产出，人们已经预测房地产业对一些服务性质和消费性质产业的带动效应会增大，而对原材料供应型、生产型产业会减小关联，即该行业将由早期粗放式增长型向集约化内涵式过渡、由物质资本拉动型向服务推动型转换（王国军和刘水杏，2004）。新常态背景下，经济增速放缓，各领域尝试供给侧结构性改革，住房市场亦需升级和调整。当前住房市场正从增量房向存量房时代过渡，不同区域分化严重，泡沫与库存并存，调控手段由全国统一行动越来越转向分城施策和差别化政策，税收上“营改增”的实施切实减轻了房地产企业负担，共享思维催生了租售并举的实践，我们仍呼吁理论界提供更多的治理思路。

本书基于经济新常态背景，对当前城市住房价格上涨事实进行理论和实证研究。本书理论上回顾了房价房租公式及四象限模型，实证上先后考察了社区质量对住房价格的影响、财富差距对房价上涨的作用以及城市房价上涨所导致的住房财富效应、预防性储蓄、信贷约束缓解对家庭消费影响的假说，检验试点城市房产税开征对住房市场和土地市场的综合经济效果，从空间维度较早研究我国社会流动的特征和决定因素，这些研究能够从住房市场的角度加深人们对当前城市化模式和经济发展方式的宏观认识。本书的实践意义包括为促进家庭住房消费行为、抑制住房投机行为探索科学路径，为转变经济发展方式、缓解住房分配不均等决策制定提供治理思路。

具体就房价上涨的研究意义而言，可以总结为以下几点：

1. 房价上涨和人口结构有关，关系到民众储蓄、消费行为

最近十余年房价为何蓬勃上涨吸引众多经济学家探讨。有人统计我国人口增长率趋势，发现20世纪80年代的“婴儿潮”（Baby Boom）人口现在参加工作并结婚生子，在住房供给变动很小的前提下，这种刚性需求推动房价上涨（李超等，2015）。他们进一步预测，2015~2030年中国城市住房需求先上升再下降，这提醒各界就2025年后的青年人口下降对住房市场和金融市场的冲击保持警惕。若我们总结OECD国家经验，就会得出人口抚养比（包括少年抚养比和老年抚养比）上升会降低房价，也就是青年人口的下降减少了住房需求。通过2000年和2005年人口普查数据则会发现，中国老年人口抚养比导致同期房价上涨，可能是因为计划经济下的婴

儿潮第一代人（出生于 1963~1971 年）的积蓄集中释放到婴儿潮第二代人（出生于 20 世纪 80 年代）住房购置上，但随着第一代的额外储蓄释放完毕以及人口抚养比的持续回升，2015 年后房价上涨将放缓，甚至将出现走弱趋势（徐建炜等，2012）。事实上，美国历史数据亦反映出同样的现象，“二战”后的生育高峰导致 20 年后当地住房需求非常旺盛，而 20 世纪 70 年代的生育低谷（Baby Bust）则导致 90 年代的住房需求放缓（Mankiw 和 Weil，1989）。

房价上涨还关系到普通民众的储蓄和消费行为。关于房价上涨如何影响民众的储蓄率，学术界认识并不一致。赵西亮等（2013）基于 2002 年和 2007 年的中国家庭收入调查数据（CHIP）发现，房价上涨显著降低了租房家庭和有多套房的家庭的储蓄率，但不会影响到有一套住房的家庭储蓄率。然而，更多的文献表明房价上涨和家庭储蓄率是正向关系。陈斌开和杨汝岱（2013）基于同一时期的城镇住房调查数据（UHS）考察发现，房价的快速上涨使得民众为购房而储蓄，从而提高了居民储蓄率，并且那些收入低、没有住房或住房面积小的家庭特别是年轻人和老年人受影响更明显。理论上，陈彦斌和邱哲圣（2011）通过修正宏观经济学中的 Bewley 模型发现，年轻家庭存在为追赶房价而提高储蓄率的情况，而富裕家庭对住房的投资行为进一步推高了房价，部分贫困家庭使得住房不平等程度加深，故高房价扭曲了居民的储蓄、投资行为，加剧了社会不平等，降低了民众的社会福利水平。李雪松和黄彦彦（2015）基于 2011 年中国家庭金融调查数据（CHFS）采用内生转换回归模型实证发现，房价上涨对多套房决策有正向影响，而多套房决策对城镇居民储蓄率存在明显的正向作用。由于消费和储蓄是家庭行为的两个方面，故影响原理是相通的，本书第四章有较大篇幅讨论，这里不再赘述。

上述文献说明，家庭住房对储蓄率的影响是不确定的：一方面，家庭房价的上涨增加了住房财富效应，从而会降低家庭储蓄率；另一方面，房价上涨会使家庭借贷约束收紧，储蓄率由此会提升一些。尽管有文献认为房价上涨远不是中国储蓄率居高不下的原因（Wang 和 Wen，2011），但细致分析中国房价上涨如何影响居民的家庭行为不失为理论和实证工作的重要方面。

2. *房价上涨关系到企业创新行为*

房地产业的飞速发展和高利润吸引大量工业企业进入，势必影响到稀缺的研发项目配置。王文春和荣昭（2014）实证分析 1999~2007 年全国 35 个大中城市规模以上工业企业数据发现，房价上涨和企业创新成反比，也就是说，房价上涨越多，企业创新倾向越差。这是房地产业过度发展的代价。进一步而言，房地产业的膨胀还造成这种不可贸易品价格上升和本币升值，从而削弱了本国出口产品的竞争力（范言慧等，2013）。因此，加大力度扶持制造业研发和创新，避免引发新的资源过度集中，是去除这种“荷兰病”的重要思路。该事实启示我们，避免制造业利润不用于自身创新而流入房地产业，同时重新定位房地产业的角色，时刻意识到房地产业膨胀的消极影响，是房地产行业升级换代和经济增长方式转变的迫切要求所在。

3. *房价上涨影响到实体经济和虚拟经济关系以及社会财富再分配问题*

关于房价上涨的原因，学术界一直争论不休。部分学者总结为货币性因素，认为货币供应量、利率对房价上涨影响很大，2008 年前美国长时间的低利率政策导致人们纷纷贷款买房，信贷便捷直接推动了住房价格飙升（徐建国，2011）。廉永辉和张琳（2015）的研究进一步发现，包括融资流动性和市场流动性的房地产流动性均能够促使房价上涨，这也可以归为广义的货币因素。谭政勋和陈铭（2012）研究总结，房价上涨影响因素和期间长短有关：短期而言，银行贷款是房价上涨最主要的影响因素，人均 GDP 次之，人口的影响最小；长期而言，人均 GDP 是房价上涨最主要的影响因素，人口次之，银行贷款最小。当然，房价上涨从更深层次来看还与当前的制度设计有关：1994 年以来的分税制改革是导致房价持续上涨的制度性因素，“土地财政”则联系其分税制和高房价影响渠道（宫汝凯和黄宗远，2012）。房价上涨强化了住房的投资属性，弱化了住房的消费属性，破坏了实体经济和虚拟经济的协调关系。分析房价快速上涨的原因和后果，找寻房价上涨的应对策略是经济理论工作者的责任和义务所在。

住房价格上涨本质上是社会财富再分配的过程，社会大量财富从实体经济转移到住房资产，并逐渐形成资产泡沫。2015 年中国家庭金融调查系列报告之一《中国家庭金融资产配置风险报告》统计显示，中国家庭住房资产占总资产比重达 65.3%，而 2013 年美国比重为 36%。与其相对照的是，中国金融资产仅占 12.4%，而美国达 41.8%，表明中国家庭金融领域，金融资产大有发展潜力，而住房资产过度积累。巨额的住房资产蕴含着财富效应，同时也存在泡沫破裂的风险。或者说，房价上涨一方面增加了抵押品价值，有利于金融稳定；另一方面，房价上涨越来越偏离其内在价值，可能引发金融危机（谭政勋和陈铭，2012）。由于房地产行业关联上下游很多行业，关系到千家万户的切身利益，故探寻规避住房资产风险的有效方法是维持住房市场繁荣与稳定的重中之重。

本书主要基于中国家庭金融调查数据，尝试分析经济新常态背景下房价上涨的原因与后果，总结供给侧结构性改革在房地产领域的实践，探讨治理住房市场的长短期策略，以便为相关部门提供决策理论依据，为开启民智贡献力量。

二、研究内容、思路和方法

（一）研究内容

本书研究内容包括城市住房现状、住房的双重属性、房价上涨与家庭经济的互动、城市住房市场治理等多个部分，如图 1-3 所示。

首先，本书给出我国城市住房现状，包括发展迅猛、供需结构转变、

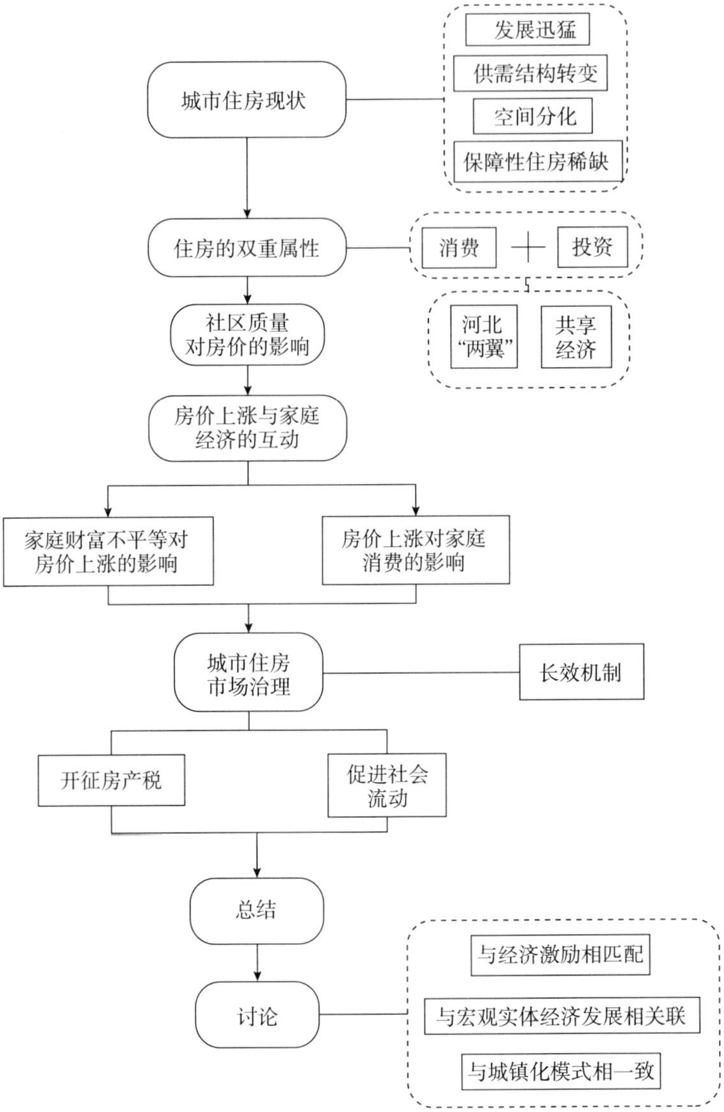

图 1-3 本书研究框架

空间分化和保障性住房稀缺四个方面。其次，本书介绍住房的双重属性，即住房既是普通消费品，具有遮风避雨的居住功能，又具有投资保值和衍生功能，故房价高低同时取决于市场供求关系和市场预期及流动性，这里介绍了房价房租公式和四象限模型，还试图将其应用到分析崇礼、雄安新区甚至共享住房实践上。再次，本书实证考察社区质量对住房价格的影响，发现平均受教育年限、职业多样化等人力资本因素正效应显著，而民族多样化等文化资本对房价具有明显的负效应。本书还探讨房价上涨如何和家庭经济发生互动：一方面，考察家庭财富不平等对住房价格上涨的影响，发现财富不平等的确增加了城市房价上涨的幅度，但收入不平等对房价上涨影响有限；另一方面，考察房价上涨对家庭消费的影响，发现房价上涨是住房增值过程，验证了纯财富效应和预防性储蓄假说，但否定了流动性约束假说的解释力。最后，本书考察治理当前城市房价上涨的两点思路：短期应开征房产税，采用双重差分方法考察沪渝的试点研究表明，房产税开始会提升当地房价水平，但随后会抑制房价，合成控制法的扩展和讨论基本确认了开征房产税影响房价的效果；长期应解决住房不平等问题，促成社会合理流动，将自上而下的公共教育投资、再分配政策和自下而上的向上流动结合起来，能够防止贫困代际传递，促进社会公平和稳定。全书总结了我国当前城市住房价格上涨的主题思想，认为当前房价上涨过快已经影响到民众的正常生活，从社会经济学角度考察了城市住房价格上涨的现状、原因、影响和治理路径。本书回归现有调控思路，从调需求转到调供给，指出了日后住房市场发展的三点方向，即要与市场主体的经济激励相匹配、与宏观实体经济发展相关联、与城镇化模式相一致。

（二）研究思路和方法

本书沿“问题的提出—理论分析—案例和实证分析—治理研究”的研究思路展开，首先总结当前城市住房价格飙升引起贫富差距扩大的现实问题，其次梳理住房的消费和投资双重功能，并做崇礼和雄安房价变动的案例分析和以租代售的共享经济思维探讨，再次基于微观数据考察社区质量对住房价格的影响及房价上涨与家庭经济的互动关系，最后从近期征收房产税、远期关注社会流动两个方面提供住房治理思路。

总体而言，本书的研究方法是理论与实证相结合、案例分析与计量回归分析相结合。具体来说，本书第二章在考察当前城市住房市场时采用了分类、列举、对比的方法，试图给出细致、系统的概貌；第三章通过构建数理模型，结合河北省境内两个房价上涨的例子以及共享经济的实践，给出定性与定量相结合的住房双重属性分析；第四章采用 2004 年和 2006 年中国健康与营养调查数据考察社区质量对住房价格的影响；第五、第六章基于 2011 年中国家庭金融调查数据，采用微观计量回归和分解方法，考察房价上涨如何同家庭经济互动；第七、第八章分别利用区县级、地市级中观数据和 2010 年中国综合社会调查微观数据，实证研究治理城市住房市场的长效机制，即近期可开征房产税抑制住房投资投机性需求，远期可加大公共教育投资和代际社会流动。

三、主要结论和创新之处

（一）主要结论

本书对当前中国的城市住房价格上涨现象做了系统的理论和实证分析。具体而言，本书首先总结了当前城市住房市场的四大特征，即发展迅猛、供需结构转变、空间分化、保障性住房稀缺。然后本书理论分析了住房市场的双重属性，认为住房作为消费品和投资品，自然兼有消费和投资功能，故定价不仅取决于市场供求关系，还受货币供给量等宏观因素影响，关联着实体经济和虚拟经济、住房交易市场和租房市场，并从房价房租公式、四象限模型两个方面做了理论总结。随后本书分别选取崇礼和雄安新区做案例分析。本书认为，作为开放性县城，崇礼房产市场房价上涨但房租较低，同其支付能力和人口规模有关，故调控这类县城房价应按照住房需求层次，区别对待不同群体和不同城区，维护好老城区工薪阶层和低收入阶层的利益；对于雄安新区，本书认为，当地房价受重大政策冲击过甚，在房地产市场受到严格管制后，北京等地的过剩资金转入股市和地下房市，调控当地住房市场还需解决好本地高涨的房价和刚性需求之间的矛盾，尽快落实征地搬迁工作。除了分析河北“两翼”之外，本书试图结合当前的共享经济实践，用以租代售等共享思维来去除房地产库存和空置率难题。

基于2004年和2006年中国健康与营养调查微观数据，本书通过构建社区居委会层次的周边环境指标，采用“特征价格模型”详细考察了各类社区质量特征对住房价值高低的影响作用及影响机制。结果发现，平均受教育年限、职业多样化等人力资本因素正效应显著，而民族多样化等文化资本对房价或房租具有明显的负效应，用居住一定年限的住户比重和自有房率等指标衡量的社会资本并不总是显著。这些事实与当前我国经济转型和快速城镇化息息相关，所得结论对我国政府如何有效地加强和谐社区建设具有重要启示。

本书接着利用中国家庭金融调查2011年微观数据，就房价上涨与家庭经济的互动做实证研究：通过考察家庭收入或财富不平等对住房价格上涨的影响得出，收入不平等不能影响房价上涨，但财富不平等显著抬高了房价上涨程度，这种家庭财富差距很大一部分不能被市场因素解释；通过检验住房增值对家庭消费的影响发现，城市房价上涨的家庭消费更多，享受住房增值较小的家庭消费较少，证明存在房产纯财富效应和预防性储蓄动机，但否定了信贷约束假说解释力。这些结论启示我们精准调控住房市场的方式和影响。

基于此，本书提出两种治理城市住房市场的思路：开征房产税和关注社会流动。基于城市层面的真实数据，本书先对开征房产税进行研究，发现实施房产税总体上对住房价格有显著的提升作用，但会随着时间推移而下降；征税还能够降低住房成交量，同时对土地均价和土地出让金具有负向影响；房产税在上海的试点效果和总体一致，但对重庆的影响不显著甚至与预期相反。这些结论对当前房地产税改革具有指导价值。利用 CGSS 2010 年微观数据，本书还考察了社会流动的地理影响因素，试图缓解当前住房不平等问题。在控制户主年龄、地区因素并考虑内生性及自选择问题后，检验发现城市层面的人口规模、平均受教育水平、党员或国有部门比重能够加快代际教育转移度量的社会流动，但农村户口、收入隔离程度、收入不平等会阻碍社会流动。东部省份相对更为明显，向上流动影响因素类似。该研究试图从空间角度给出我国社会流动的一些典型事实、影响因素和治理思路，认为自上而下的政府教育投资和自下而上的社会向上流动是缓解当前贫富冲突的重要途径。

本书最后还总结了近些年我国住房市场的调控实践，认为 2017 年前以调需求为主，2017 年后调供给有所侧重，并转向长效机制探讨。本书还指出日后住房市场平稳健康发展需注意的三点，即房地产业的发展应与经济激励相匹配、与宏观实体经济发展相关联、与城镇化模式相一致。

（二）创新之处

本书的创新和贡献主要表现在以下三个方面：

第一，选题视角具有新颖性。区别于以往建筑规划学、政治学的相关研究，本书选取经济学和社会学视角，审视中国城市住房市场的贫富差距等问题。具体而言，本书结合当前热点和文献，就社区质量如何作用于住房价格、财富不平等对房价上涨的影响以及房价上涨对异质性家庭情形下消费支出的影响做经济学分析，试图为缓解分配不均等社会矛盾、扩大家庭消费的决策制定提供理论参考；本书还对沪渝试点城市的房产税开征做住房市场和土地市场的综合经济效果分析，从空间维度实证考察中国社会流动的现状和影响因素，尝试找寻社会经济学在当前转型中的中国的适用性和规律性。

第二，研究观点具有一定创新。本书考察社区质量如何作用于住房价格、财富差距如何影响房价上涨、房价上涨对家庭消费的影响，认为人力资本显著影响房价，但文化资本影响不显著，财富不平等显著提升了房价上涨程度，住房增值引起家庭消费的分化，并指出住房市场治理的长效机制，即近期开征房产税，远期关注社会流动。就房产税来看，以往研究对房产税开征如何影响房价莫衷一是，本书考察沪渝房产税试点后认为，房价随时间呈现倒“U”形状。另外，鲜有研究从空间层面考察发展中国家的社会流动特征，本书实证找寻影响社会流动的因素，认为政府自上而下的基础教育投资、再分配政策同普通家庭自下而上的社会流动相结合是缓解贫困的有效治理路径。

第三，所用数据和方法科学可靠。本书主要基于中国家庭金融调查、中国健康与营养调查、中国综合社会调查等微观数据以及城市层面中观数据做了大量实证研究。所用方法表现在：利用案例研究的方法考察崇礼房价上涨问题和雄安新区设立对当地住房市场的影响；采用特征价格模型考察社区质量特征对住房价值的作用；利用回归和分解的方法考察住房价格上涨与家庭消费、财富如何互动；利用双重差分（Difference in Difference，DID）和事件研究（Event Study）相结合的方法考察沪渝房产税开征的经济影响，能够检验政策实施整体效果并深入分析时间效应；考虑到合成控制方法（Synthetic Control Methods，SCM）对两城市构成的实验组情形更为合适，故进一步做上海房产税试点的实证检验和讨论；最后利用空间分析的方法跟踪 Chetty 等人的美国研究，考察中国社会流动的空间表现和决定因素。

第二章　当前中国城市住房市场现状

回顾2000年以来中国住房市场，人们不免用“疯长”“飙升”“膨胀”等词汇来概括。2000年全国房地产开发投资5000亿元，到2016年超过10万亿元，北京大学林肯研究院城市发展与土地政策研究中心主任满燕云教授2012年曾组织国内外房地产领域重要学者系统回顾并展望了中国住房改革的进程和成效，试图构建能惠及普通居民的和谐可持续发展的社会。结合文献及日常观察，本章将2000年以来城市住房市场特征概括为四个方面：发展迅猛、供需结构转变、空间分化、保障性住房稀缺。这些特征凸显出当前民众的住房不平等现象，住房市场发展面临膨胀和困境，启示房地产企业调整经营策略，决策部门对商品房市场调控因城施策并加大供给保障性住房。

一、发展迅猛

从全球来看，澳大利亚、比利时、加拿大、丹麦、芬兰、法国、德国、日本、荷兰、挪威、瑞典、瑞士、英国、美国14个发达国家自19世纪末到20世纪中叶房价几乎恒定，但“二战”后房价大幅上扬，呈曲棍球棒形状（Hockey-stick Pattern）。进一步研究发现，房价上涨的80%可以由地价上涨解释，这对财富收入比、集聚经济的增长效应和住房供给弹性均有借鉴意义（Knoll 等，2017）。

20 世纪 80 年代以来，我国住房市场与宏观经济的发展和城市化进程伴随而生，从无到有，迅猛发展。由此 1998 年福利分房制度终结后，住房需求得到极大的释放，房企开始快速开拓市场，房地产业市场化改革加速。2003 年国家正式将房地产业定位为支柱产业，房地产行业进入高速发展的“黄金时代”，直至今日，尽管在 2009 年相对数有所下降。国房指数能够度量房地产市场运行状况，是房地产市场的“晴雨表”。国房指数是全国房地产开发景气指数的简称，它选择 2000 年为基年，将其增长水平定为 100 点。通常情况下，国房景气指数 100 点是最合适的水平，95~105 点为适度水平，95 点以下为较低水平，105 点以上为偏高水平。①

如图 2-1 所示，2000~2010 年，国房指数一直居高不下，房地产投资占到固定资产投资的两成以上，引领 GDP 向前发展。然而，2008 年金融危机后，我国为“保增长、保民生、保稳定”，推出四万亿财政刺激计划，住房市场一度兴盛，但很快进入“增长速度换挡期、结构调整阵痛期、前期刺激政策消化期”的三期叠加时段，经济新常态显现，高速增长转变为中高速增长。观察国房指数的月度数据演变趋势（见图 2-2）可以更仔细地看出房地产市场的黄金时段和经济新常态表征。

按照房地产投资额占 GDP 比重度量房地产业对 GDP 的重要性，我们发现近十几年房地产业重要性持续攀升，2014 年达到 14.8%，如图 2-3 所示。这充分说明，即使不考虑房地产业的带动效应，房地产直接投资在国民经济中的作用也越来越明显。

回顾中国社会科学院财经战略研究院、城市与竞争力研究中心年度住房绿皮书——历年《中国住房发展报告》摘要可以大体梳理出近年住房市场演变特征，如表 2-1 所示。

---

① 国房指数遵循经济周期波动的理论，以景气循环理论与景气循环分析方法为依据，运用时间序列、多元统计、计量经济分析方法，以房地产开发投资为基准指标，选取了房地产投资、资金、面积、销售有关指标，剔除季节因素和随机因素的影响，采用增长率循环方法编制而成。

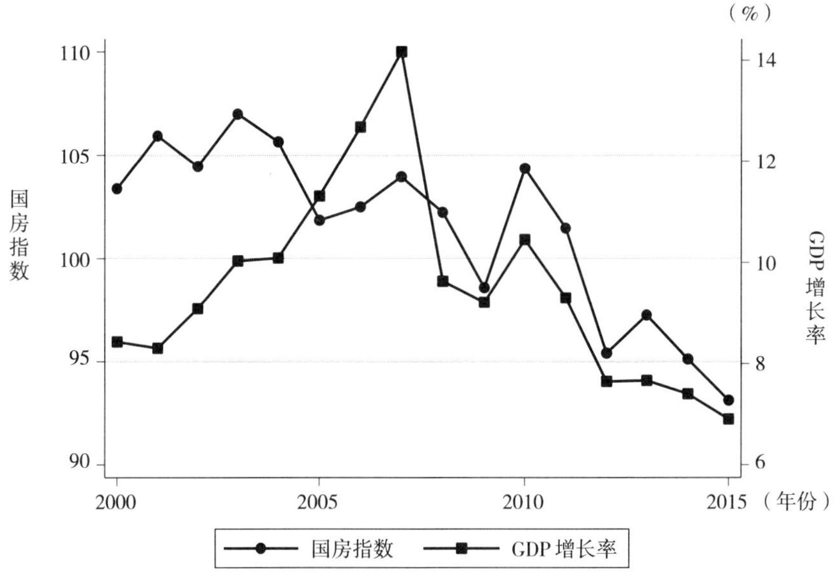

图 2-1　近年国房指数和 GDP 增长率变化趋势

资料来源：作者根据国家统计局网站数据和中经网产业数据库国房指数信息整理绘制。

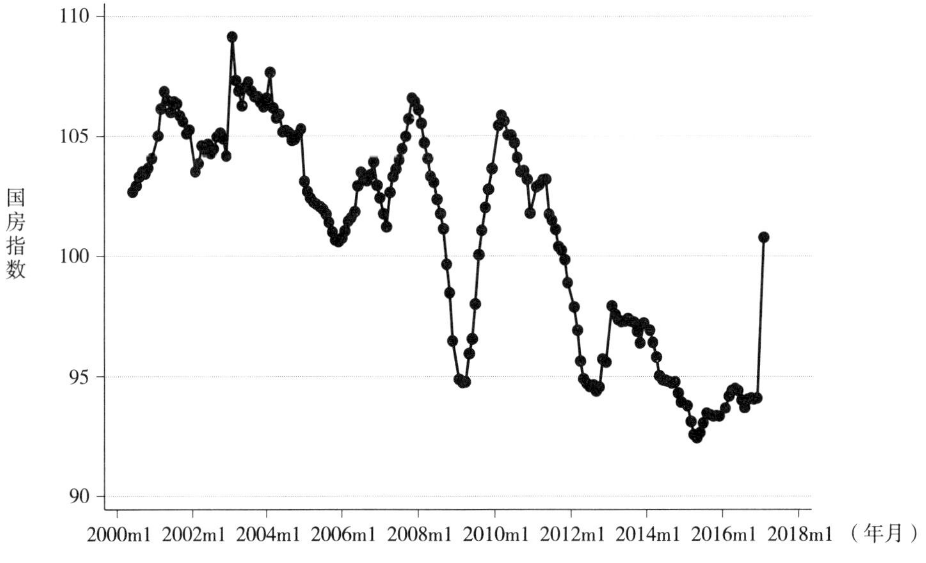

图 2-2　近年月度国房指数变化趋势

资料来源：作者依据中经网产业数据库绘制。

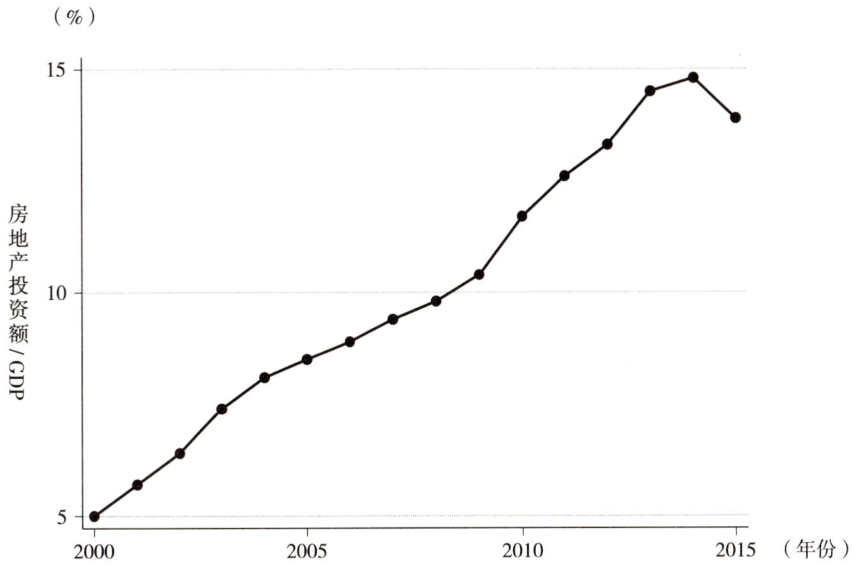

图 2-3 近年房地产投资额与 GDP 比例趋势

资料来源：作者依据 Wind 资讯数据库绘制。

表 2-1 《中国住房发展报告》2009~2017 年内容

年份	核心观点	预测
2009~2010	上市公司两极分化现象比较严重；全国城镇居民的住房支付能力较弱；住房真实供求由短缺进入过剩，各城市住房保障水平存在较大差异	—
2010~2011	全球住房市场冷热不均，住房调控下维持高速增长，但通货膨胀有所加剧，住房供需总量和结构矛盾十分突出，房地产企业预期发生分化，租购两难窘境乍现	住房投资作用将有所弱化，通货膨胀压力会越来越大。总体判断，2010年房地产市场继续调整，房地产价格稳中有降
2011~2012	住房投资带动作用不减；城市化水平稳步提升，绿色发展渐受关注；全球住房市场分化加剧；房地产调控成效明显	住房市场调整有望趋向“软着陆”

续表

年份	核心观点	预测
2012~2013	经济增速下滑，城市化发展模式从黑色发展为主转向城市绿色化与绿色城市化并重的阶段，全球住房市场整体下行，龙头房企持续领跑，风险控制成为企业发展核心导向，住房的需求主体开始出现明显的分化	预测全球住房市场总体低迷，住房企业集中度会进一步加强，改善性住宅需求将会稳中有升
2013~2014	2012~2013 年，中国大城市房价由试探性的缓慢上涨，逐步演变为恐慌性的暴涨	预计中国未来房价大城市短线将会见顶，中小城市颓势延续
2014~2015	房地产投资增速下滑拖累经济增长；市场下行促使行业加速整合，政策性住房金融机构作用得到强化，住房投资投机全面退潮，商品住宅首现过剩；城市间市场分化加剧	供给结构性过剩将成经济新常态，行业集中度进一步加速提升，金融体系调降房地产融资权重的过程有望持续，商品房价格“软着陆”，开发商面临大抉择，一、二线城市房价将继续下滑，三、四线城市房价将稳中有降，各级政府将密集推出救市政策
2015~2016	2014~2015 年的住房形势超出预期，商品住房销售同比增长经历“V”型变化	预测 2016 年住房市场回暖基础不稳，波动风险较大，分化趋势严重
2016~2017	全国 35 个大中城市普遍存在估值过高的风险	预测 2017 年中国楼市将迎来一个短期调整期

资料来源：作者整理自历年《中国住房发展报告》摘要。

事实上，自 1998 年朱镕基总理取消福利分房制度以来，中国房地产市场就蓬勃发展起来。观察图 2-4 不难发现，2003~2007 年期间，住房市场迅猛发展，2007 年底住宅商品房平均销售价格甚至达到每平方米 3645.18 元，销售面积达 70135.9 万平方米。2008 年受传入式国际金融危机影响，我国住房市场有所萎缩，但 2009 年大幅反弹，随后持续增长至 2013 年，2016 年部分城市房价出现暴涨。

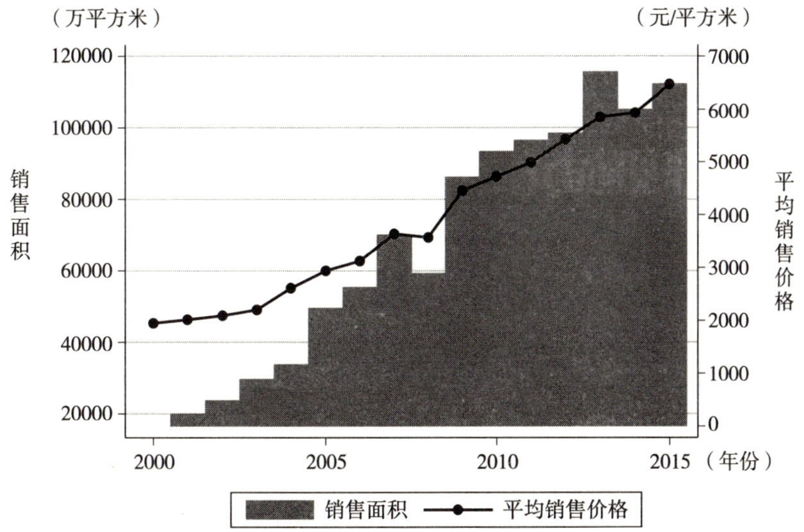

图 2-4 住宅商品房平均销售价格、销售面积近年趋势

资料来源：作者根据国家统计局网站年度数据整理绘制。

二、供需结构转变

伴随城市化进程，住房供给赶不上住房需求。党和国家领导人多次强调，要处理好“稳增长”“调结构”“促改革”三者的关系，坚持稳中求进，推动经济持续健康发展。经济新常态背景下，呼吁各方进行供给侧结构性改革，落实到住房市场，就是一要注重供需各层次，二要注重空间分化。

（一）供给结构

做住房市场的供给侧分析，我们能得出一些基本认识。如图 2-5 所示，无论是从住宅竣工还是销售来看，均能发现近十年来住房市场迅猛发展，住房供给从 2005 年的 40 万套增加到 2015 年的 70 万套。住房供给和销售此消彼长，构成住房市场的经济周期。若将住宅销售套数与竣工套数的差额定义为住房库存，则随时间推移，住房库存周期性增加，如图 2-6 所示，2015 年达到 35 万套。因此，全国层面住房库存越来越明显，加之房地产景气指数渐趋下滑，当前住房去库存工作任重而道远。

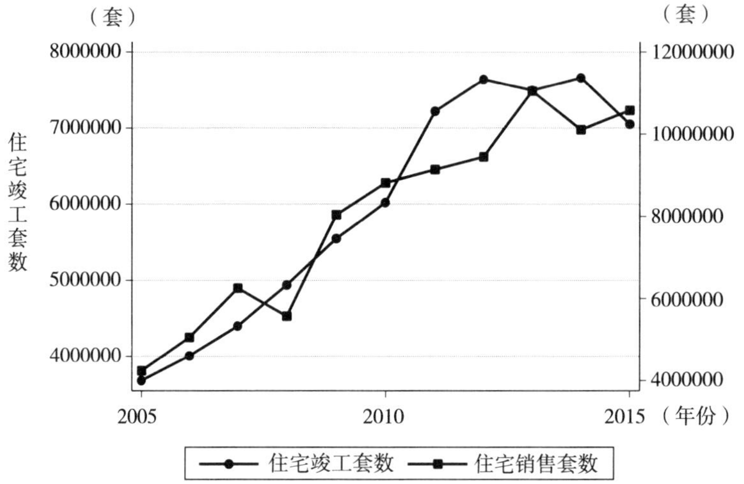

图 2-5　房地产开发企业住宅竣工套数、销售套数近年趋势

资料来源：作者根据国家统计局网站年度数据整理绘制。

（二）需求结构

随着家庭收入的增加，人们投到住房方面的消费支出绝对数在增加，但占可支配收入的相对数在下降，如图 2-7 所示。另外我们注意到，城镇居民人均住房建筑面积大幅提高，由 2000 年的人均 20.25 平方米增加到 2012 年的 32.91 平方米。① 这一方面显示出住房消费功能的弱化，另一方面反映了城镇居民居住环境的改善。有关研究表明，我国住房体制的转型极大地释放

① 这里需要指出的是，城镇居民人均住房建筑面积是不准确的。正如李昕和徐滇庆（2014）所指出的，2011 年前的人均住房面积来自住建部的统计，属于宏观数据；2011 年之后的面积来自国家统计局的抽样调查，属于微观数据。故 2011 年为 20.8，2012 年跳空为 24.5，但城镇人均住房面积长期增长的趋势没有变。

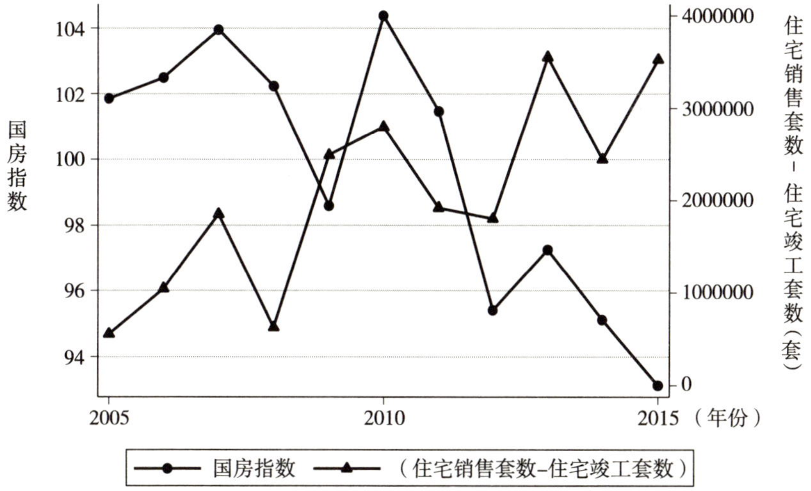

图 2-6 房地产开发企业住宅库存同国房指数的对照

资料来源：作者根据国家统计局网站数据和中经网产业数据库国房指数信息整理绘制。

了人们的住房需求，改善了住房数量和质量（董晓芳和傅十和，2010）。

我国城镇住房拥有率高是不争的事实。中国家庭金融项目一研究报告《城镇住房空置率及住房市场发展趋势 2014》显示，2011 年和 2013 年家庭自有住房拥有率分别高达 85.4%和 87%，远高于同期的发达国家和其他发展中国家。如图 2-8 所示，我国住房拥有率是所列国家中最高的，基本达到“居者有其屋”。

住房需求可分为刚性需求、改善性需求和投资投机性需求。住房刚性需求是城镇化在住房市场的反映；改善性需求体现城市居民提升居住品质的客观要求；投资投机性需求属于非生产性活动，本身不会创造财富。正因如此，前两者受到国家鼓励，后者是国家严格打压的。

根据甘犁等（2013）及《城镇住房空置率及住房市场发展趋势 2014》等研究成果，2011~2013 年期间，城市住房刚性需求略大于住房供给，数年内将持平。他们将刚性需求定义为家庭没有住房、拥有住房但住房不在生活及工作的地方，以及家庭有成年子女的分家需求等类型。住房供给则

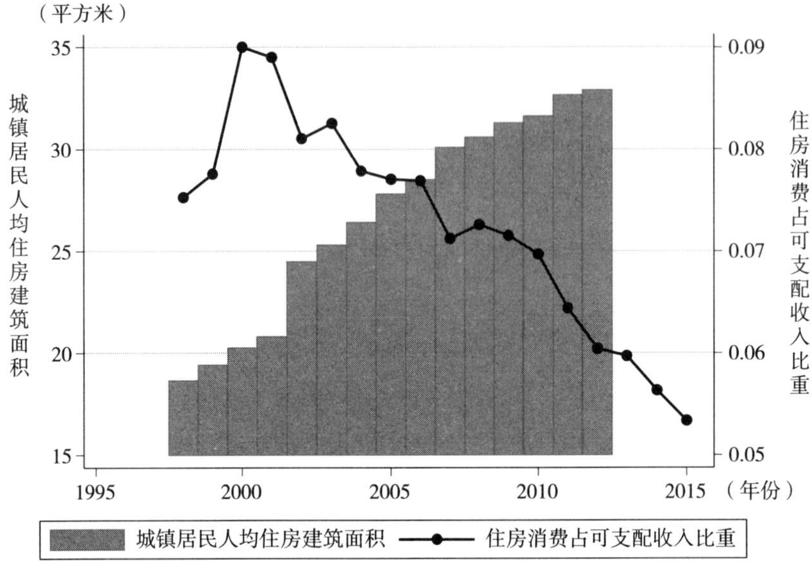

图 2-7　城镇居民人均住房建筑面积和住房消费占比趋势对照

资料来源：作者根据中经网产业数据库数据整理绘制。

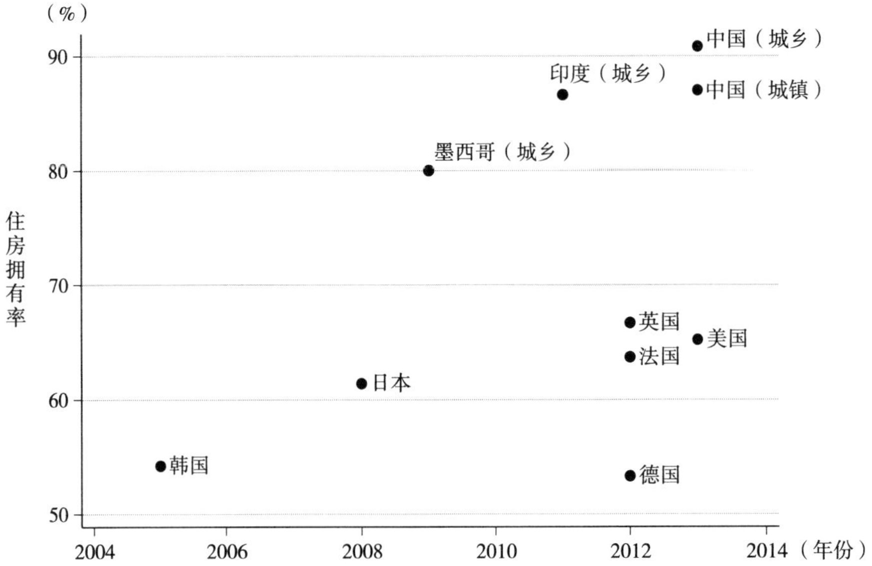

图 2-8　住房拥有率的国际对照

资料来源：作者根据《城镇住房空置率及住房市场发展趋势 2014》数据整理绘制。

包括拥有多套住房家庭的住房供给和新增商品房供给。据 2011 年统计，现有城镇家庭住房的刚性需求占 28.2%，大约为 6459 万套，而我国城镇地区的房屋供给约为 4046 万套，缺口为 2413 万套；据 2013 年统计，住房刚性需求降为 24.6%，大约为 5500 万套，住房供给达到 5426 万套，剩余供需缺口近 74 万套。这表明，到 2013 年，刚性住房需求中未满足部分显著降低。中国家庭金融调查（China Household Finance Survey，CHFS）将改善型住房定义为，现居住房屋居住时间超过 20 年，以及现居住房屋家庭人均面积低于全省居住面积中位数并且居住时间超过五年的户主年龄不大于 60 岁的家庭住房类型。2013 年测算，13.3%的城镇家庭有潜在的改善型住房需求。如图 2-9 所示，CHFS 2013 年数据还显示，随着时间的推移，首次购房家庭比例不断下降，2013 年仅为 48%，而具有一套以上住房的家庭占总的购房家庭比例已经超过 50%，表明住房投资投机需求越来越占主导。因此，近些年我国住房刚性需求正显著下降，改善型需求逐步释放，投资需求越来越旺盛。

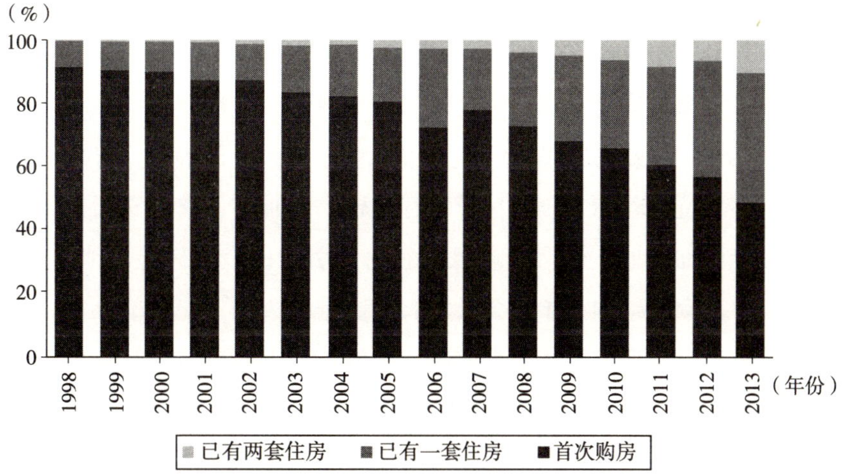

图 2-9 近年中国住房需求的演变

资料来源：作者摘引自《城镇住房空置率及住房市场发展趋势 2014》。

关于住房供给和需求的测算始终是热点。倪鹏飞在陈杰等2017年编撰的《房地产与城市发展问题及对策》一书第二章探讨了住房市场的供求关系，认为供大于求的库存可由农民工购房来解决。他认为，2015年人均住房面积34.33平方米的事实告诉我们当前住房存量接近饱和，尽管还存在质量提升的空间。他指出，当前过剩库存包括现房过剩1亿平方米和期房过剩19.923亿平方米，未来5年新增库存67.2亿平方米，故当前过剩库存和未来潜在供给之和达到88亿平方米。与此同时，城镇低收入家庭将有15亿平方米住房需求，“十三五”期间城镇刚性需求和改善性需求为每年10亿平方米，城镇户籍人口总的住房需求是65亿平方米。住房市场未来供需差额达23亿平方米，可由农民工在地级市以下地区以每年4.6亿平方米的规模来购房弥补和满足。鼓励农民工在地级市购房的思路契合当前最高决策层的想法。2015年中央经济会议提出“房地产去库存”的主题，支持农民工在城镇购房，扩大他们住房的有效需求，消化库存。在2017年4月国家统计局发布的《2016年农民工监测调查报告》显示，当年购房的农民工占17.8%，比2015年提高0.5个百分点。不过，首都经济贸易大学金融学院院长尹志超教授在2017年5月22日接受《中国房地产报》采访时提醒农民工进城购房应注意防范金融风险。他认为，现在三、四线城市去库存压力大，政府鼓励农民工群体购房无可厚非，但需警惕，农民工整体收入并不高，抗风险能力较弱，若政府诱导他们通过“农民安家贷”贷款购房，可能面临房地产价格波动风险和由此引发的金融风险。他还认为，个人购买力、家庭结构和年龄会影响农民工进城买房，建议部分农民工住房需求依靠租房、保障性住房来解决。当然，尹志超教授同时指出了农民工进城买房的深远意义所在：短期有助于去库存，长期有利于城镇化进程，促进城市管理水平的提升。

住房空置是反映房地产市场运行的重要指标。适度空置的存在能够保证住房供给方利润最大化和住宅资源的有效利用。过低的空置率将抑制需求，过高的空置率则使房地产开发企业处境艰难（孙峤等，2005）。CHFS

曾对住房空置现象做过大量研究，得出一些重大结论。他们将住房空置定义为，城镇地区无人居住的家庭自有住房，具体包括两部分：一套房家庭因外出务工等原因而无人居住的住房和多套房家庭既未自住也无他人居住的住房。据《城镇住房空置率及住房市场发展趋势 2014》报告披露，2013年全国城镇地区住房空置率为22.4%，约4900万套住房，其中空置商品房约2700万套。这些巨量的住房闲置，是社会资源的极大浪费，但很多又有银行贷款，属于危险的经济“堰塞湖”（甘犁，2015）。Wu 等（2016）则重新定义并计算省级住房空置率在7%左右。新加坡国立大学符育明（2014）认为，导致当前住房空置率较高的两大原因是收入分配不均和投资错配。许飞琼（2013）建议，构建住房租赁补贴制度，同时开征住房空置税，是解决中国住房空置问题的必由之路。住房空置率高反映出我国住房市场的泡沫化倾向，结合房价租金比、住房存量价值占 GDP 比重等其他指标，防范泡沫过度膨胀是熨平当前经济、金融风险的应有之义（侯为民和孙咏梅，2014）。

西南财经大学空置率数据的发布产生了强烈的社会反响。[①] 不少房地产业界人士同意这一说法，但原华远地产董事长任志强并不认同。他的推理是这样的：1998~2013年住宅竣工面积约106亿平方米，去除拆迁30亿平方米面积，16年间住房供给约70亿平方米，可满足7000万新增城镇家庭。而这些年新增城镇家庭正好是这个数，故住房供需大体相当，不存在住房空置说法。甘犁教授多次回应，并有理有据地破解了这一“住房消失之谜”，认为中国城镇化具有主动进城和被动进城（Redefined Migrant）两种。前者指真正意义上的刚性需求，后者仅是国家城乡统计标准发生变化，是“带着房子进城”的类型。传统上，我们认为城镇化能够支撑房地产市场发展，仅是指主动进城的农民或农民工的住房刚性需求，并不包括

① 徐滇庆（2014）曾撰文指出这里的缺陷。他认为国际上对住房空置率定义没有达成共识，故不必看重空置数量。他还指出，《中国统计年鉴》2011年和2012年两年对城镇人均住房面积的计算方法出现不一致，故基于此估算的住房总面积是有问题的。

被动进城家庭的住房需求。因此，社会对住房需求的重大误区直接导致短期内住房供给过剩或住房需求的高估，这或许是当前中国住房空置率高企的重要原因[①]。当然，长期来看，这些过剩住房供给会消化掉，但当前意识到房地产市场长短期错配对宏观经济造成的不良后果是非常必要的。这一观点也和符育明教授投资错配的分析思路异曲同工。

三、空间分化

整体而言，中国住房市场已从增量房过渡到存量房时代，卖方市场转为买房市场，增量房和存量房均处于过剩状态。由于区位是住房的重要属性，房地产市场存在空间异质性。2017 年第一季度 CHFS 显示，5.4%的城镇家庭在过去半年内购房，其中一线城市为 5.8%，二线城市为 5.9%，三线城市为 4.8%，表明当前房市冷热不均、分化严重。

历年《中国住房发展报告》的重要结论是，住房市场空间分化自 2011 年后愈演愈烈。根据它们的分类办法，本书将全国 70 个大中城市细分为一线、二线和三线城市。具体地，一线城市包括北京、上海、广州、深圳；二线城市 30 个，包括天津、石家庄、太原、呼和浩特、沈阳、大连、长春、哈尔滨、南京、杭州、宁波、合肥、福州、厦门、南昌、济南、青岛、郑州、武汉、长沙、南宁、海口、重庆、成都、贵阳、昆明、西安、兰州、银川和乌鲁木齐；三线城市 36 个，包括无锡、温州、包头、北海、常州、桂林、唐山、徐州、镇江、蚌埠、扬州、惠州、洛阳、秦皇岛、三亚、烟台、丹东、锦州、济宁、牡丹江、金华、安庆、泉州、九江、赣州、吉林、平顶山、宜昌、襄阳、岳阳、常德、湛江、泸州、南充、遵义和大理。

---

① 可参见甘犁发表在 2014 年 9 月 9 日财经网博客的博文《被高估的住房需求》，http://chfs.swufe.edu.cn/xiangqing.aspx?id=953。也可参考 Esther Fung（2014）。

为了给出各层次城市房价运行情况，这里依据中经网产业数据库 70 个大中城市信息，分别绘制一线城市和三线城市住房市场价格走势，如图 2-10和图 2-11 所示。对照两幅图可以得出如下几点初步认识：第一，相对三线城市而言，不论新房还是二手房市场，一线城市房价较高、涨跌波动较大。第二，相对二手房市场而言，不论一线城市还是三线城市，新房市场房价较高、涨跌波动较大；2014 年 7 月后，一线城市房价波动严重，三线城市总体上涨。我们可以预期，二线城市住房价格正好介于一线城市和三线城市之间。事实上，仔细观察表 2-2 的住宅销售环比价格指数统计，的确发现各层次城市两种住房市场的上述表象。

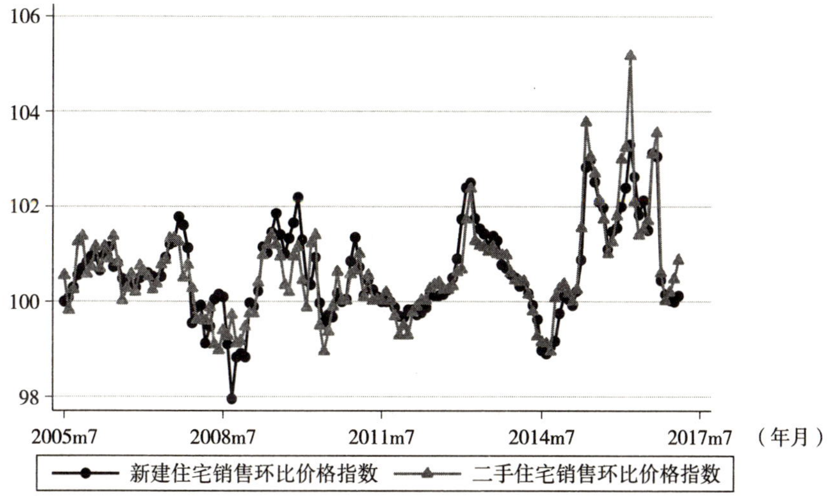

图 2-10 一线城市住宅销售环比价格指数走势

资料来源：作者根据中经网产业数据库数据绘制。

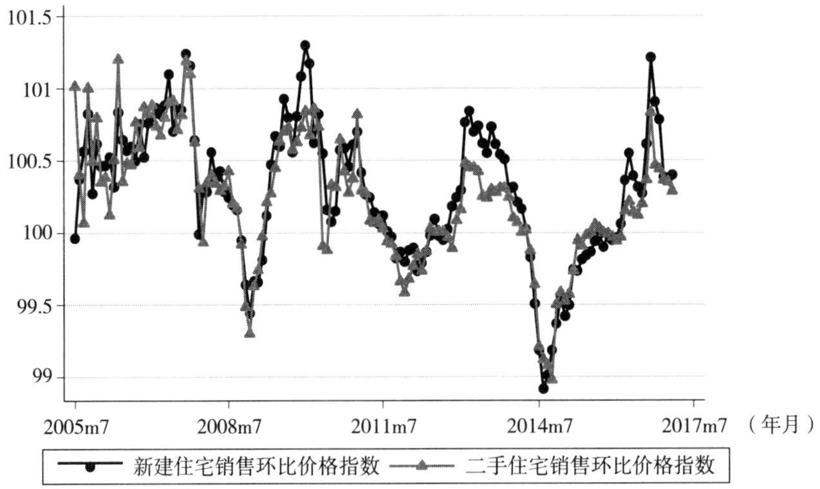

图 2-11　三线城市住宅销售环比价格指数走势

资料来源：作者根据中经网产业数据库数据绘制。

表 2-2　各层次城市住宅销售环比价格指数对照

	层次	平均值	标准差	最大值	最小值
新房	一线	100. 622	0. 979	97. 950	103. 300
	二线	100. 399	0. 544	98. 890	102. 239
	三线	100. 295	0. 471	98. 914	101. 300
二手房	一线	100. 615	1. 015	98. 950	105. 175
	二线	100. 343	0. 491	98. 987	101. 877
	三线	100. 229	0. 434	98. 980	101. 200

资料来源：中经网产业数据库 70 个大中城市信息，时间段为 2005 年 7 月至 2017 年 2 月。

以下选取北京、上海两个一线城市和石家庄这个二线城市为例，进一步说明近些年住房市场分化表现。

国家统计局最新数据显示，北京、上海 2015 年户籍人口分别是 1345. 2 万人、1442. 97 万人，常住人口分别接近 2200 万人和 2500 万人，

GDP 总量分别是 23014.59 亿元、25123.45 亿元，它们均是中国一线城市代表。如图 2-12、图 2-13 所示，北京、上海等一线城市住宅商品房平均销售价格一路上涨，2000 年每平方米不足 5000 元，在 2011 年略有回调后，到 2015 年超过 20000 元，力创房价新纪录。另外，一线城市住房市场的交易增量曲线呈倒“U”型，即 2005 年前一手房交易逐年大增，2005 年之后逐渐萎靡，显示这些市场更早进入存量房时代，同以往文献结论一致（Wu 等，2016）。

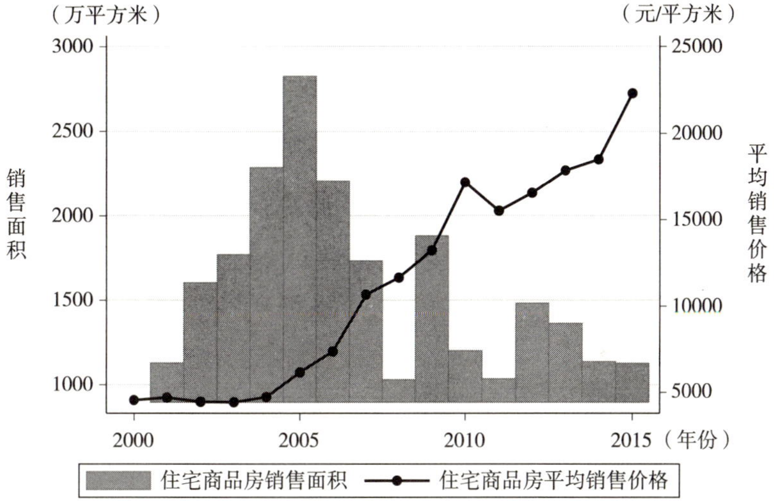

图 2-12 近年北京住宅商品房平均销售价格、销售面积走势

资料来源：作者根据国家统计局网站数据绘制。

当我们观察以石家庄为代表的二线城市住房市场时（见图 2-14），发现房价和交易量均大幅增加，2015 年交易量略有下滑，显示二手房交易端倪。根据国家统计局最新数据，石家庄 GDP 仅 5440.60 亿元，地级市户籍人口总数是 1000 万人，扩展后的市辖区人口是 300 多万人，属于典型的内陆省会城市。

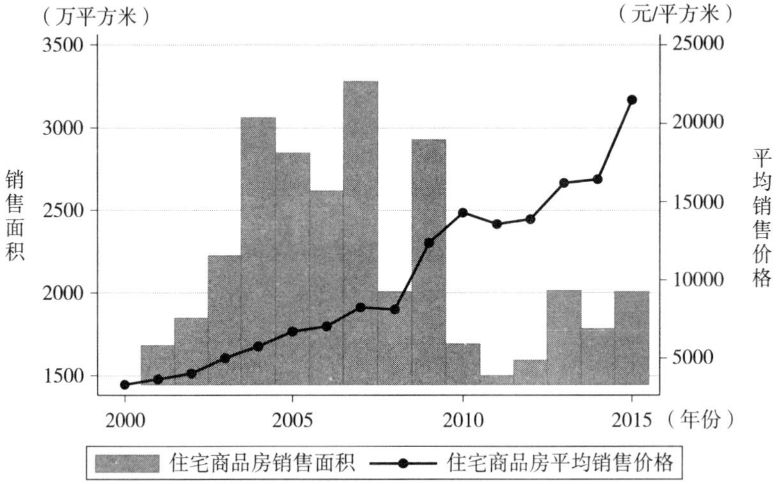

图 2-13　近年上海住宅商品房平均销售价格、销售面积走势

资料来源：作者根据国家统计局网站数据绘制。

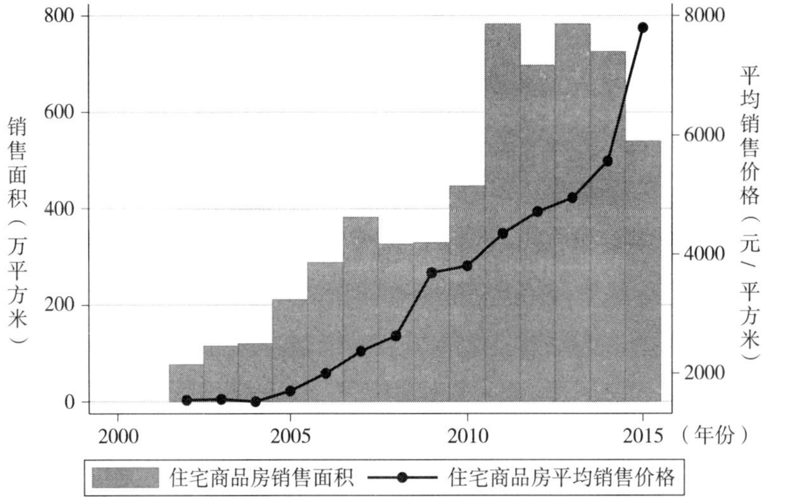

图 2-14　近年石家庄住宅商品房平均销售价格、销售面积走势

资料来源：作者根据国家统计局网站数据绘制。石家庄 2000 年和 2001 年数据缺失。

当然，住房市场的空间分化问题在数据可获得的情况下可进一步量化。根据陈杰等（2017）的思路，短期内可用住房库存的消化周期，库存去化周期越短则住房刚性需求和改善性需求越旺盛，导致房价快速上涨，去化周期越长则投机需求越明显，住房供给越过剩。中期可从城市的土地供求关系、新开工情况和二手房市场结构来分析，显然，土地供给紧张、新开工增幅强劲、二手房市场不发达导致房价飙升。长期来看，可考察该城市的人口增速和年龄结构，若人口持续净流入，或年轻人在总人口中的比重特别大，或是第三产业比重大，则表明该城市房价长期看涨。

综合供需各自的状况，有学者将全国 200 多个城市划分为重点调控、稳定发展和适度扶持三类区域（李秀婷和董纪昌，2014）。当前住房市场空间分化的特征启迪我们，实施差别化策略和地方为基础的政策（Place-based Policy）非常必要。例如，在人口大量涌入的一线城市多增加土地供给，适当调整工业、商业和住宅的土地使用结构，以满足不同层次的住房需求并平抑房价；在人口流出的三、四线城市收紧土地供给和银行信贷，防止出现房地产过度开发和"鬼城"现象（陈杰等，2017）。

四、保障性住房稀缺

根据国家统计局定义，保障性住房是政府在对中低收入家庭实行分类保障过程中所提供的限定供应对象、建设标准、销售价格或租金标准，具有社会保障性质的住房，具体包括廉租房、经济适用房、公共性租赁房（是政府提供政策支持，限定户型面积、供应对象和租金水平，面向中低收入住房困难家庭等群体出租的住房）、城市棚户区改造房、林（垦、煤）区棚户区改造房以及国有工矿棚户区改造房等。① 保障性住房统计较为薄

① 《2013 年地区发展与民生指数（DLI）统计监测结果》，http：//www. stats. gov. cn/tjsj/zxfb/201412/t20141231_ 661933. html。

弱，总体处于供不应求阶段。

根据 CHFS 数据，2011 年经济适用房占 2.23%，2013 年也只有 2.9%，两年商品房占比分别为 45.14%、36.4%（甘犁等，2012，2015），其余可视为潜在的保障性住房家庭比例。官方公开数据显示（见图 2-15），我国目前各类保障性住房每年大概新增 700 万套，远无法满足刚才估算的 9000 万中低收入家庭需求。图 2-15 还告诉我们，保障性住房财政支出比重非常低，常年徘徊在 2%左右。回顾历史，正如张清勇（2014）所指出的，1998 年房改后住房保障工作一直很滞后，直到 2007 年后才加大力度，也仅达到现在这个比例。横向对比看，新加坡保障性住房即组屋（HDB Flat）比例在 21 世纪初高达 80%以上（王松涛等，2008；符育明，2010a），2013 年新加坡统计局数据显示，居住在组屋中的人口达 81.9%；中国香港全租/合租比例达到四成（《2015 年中国统计年鉴》数据）。

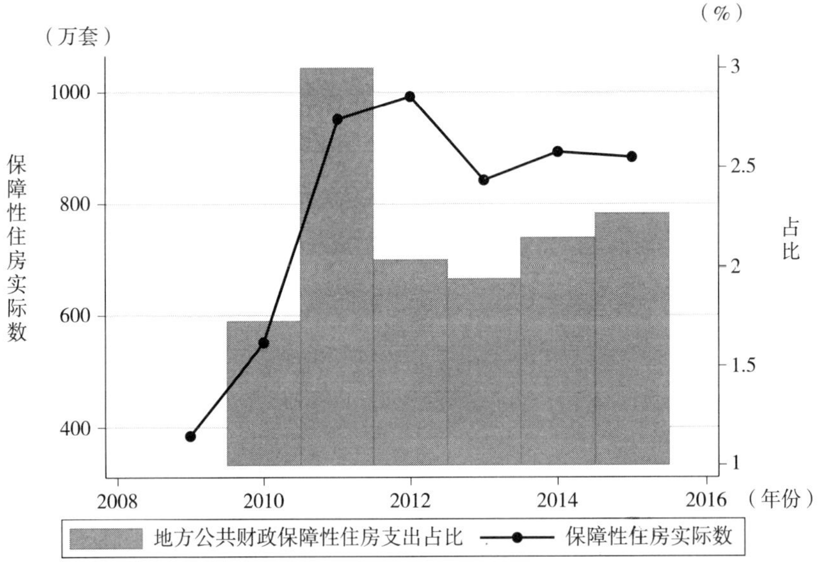

图 2-15 近年保障性住房发展趋势

资料来源：作者根据历年《中国统计年鉴》及 Wind 资讯数据库信息绘制。

理论上讲，住房价格的高低来自教育、医疗等公共资源是否集中，这些优质资源越集中，房价越高。因此，广大民众生活在公共条件好的地方不仅是消费问题，也是社会和谐发展的重要环节，需要政府公共投入（符育明，2010a，2013）。住房问题不能完全由市场解决，不同收入的家庭应对应不同的住房类型。中高收入阶层可购买市场化的商品房，中低收入阶层则应由政府兜底，纳入住房社会保障体系中。若要所有的社会成员都购买商品房，既不现实又没必要。当前政府过度关注房地产业对经济增长的贡献，忽略了房地产业的公共性，造成贫富差距和社会矛盾，与共同富裕的宏大愿景不匹配，故明确公共住房体系地位、整合公共住房种类、重塑财税政策目标非常必要（温来成和张偲，2013）。实际上，土地和房屋问题从来不只是一个经济问题，而彻头彻尾就是民生问题，是安居乐业、增加社会凝聚力的最关键环节（陈杰等，2017）。

中国香港土地批租的收入固然是其重要的财政收入来源（低于两成），但依靠其强大的公共住房制度能够勉强维持高房价商品房和低收入家庭住房保障之间的矛盾，这对中国内地住房市场高房价和高空置率并存的结构性问题具有重要启示（李万峰，2014）。新加坡亦建立覆盖面极广的住房保障制度，中短期的住房发展规划配之公积金制度，形成良好的住房循环，基本实现了“居者有其屋”。总结中国香港和新加坡的住房保障制度成功实践，我们不得不提到他们均有统一的固定机构推动公共住房事务，前者是房屋委员会和房屋协会，后者是建屋发展局（Housing and Development Board，HDB）。反观中国内地，我们一直偏倚商品房发展来拉动经济增长，通过房地产开发商建造商品房来配套建设社会保障性住房，两类住房一直混在一起并接受中华人民共和国住房和城乡建设部统一管理，这样的发展模式和机构设置势必导致住房供应和政策目标的背离，造成中国住房市场的结构性矛盾。

从经济适用房到廉租房再到公租房，我国保障性住房建设任重而道远，但近年政府高层的举措频出，进程明显加快。如2011年国务院前总理温家宝在政府工作报告中强调重点发展公共租赁住房，同年的《中华人民共和国国民经济和社会发展第十二个五年规划纲要》亦指出，今后将“重点发展公共租赁住房建设，逐步使其成为保障性住房的主体”。2012 年 5 月，住建部颁布《公共租赁住房管理办法》，2013 年 12 月，住建部进一步发布《关于公共租赁住房和廉租房并轨运行的通知》，廉租房说法成为历史，公共租赁住房建设和管理更为统一、规范。关于当前我国的保障房模式和问题，国家行政学院副教授李万峰博士在 2014 年出版的学术专著《新型城镇化进程中的保障房建设》一书中做了详细描述。他总结，目前的保障房主要模式包括分层保障的常州模式、按需建设的成都模式、共有产权的淮安和北京模式、禁止上市的厦门模式以及封闭运转的重庆模式，还罗列出住房保障的法规建设滞后、保障建设的融资渠道单一、公共财政支出严重缺位、保障手段比较单一、保障范围较窄、住房公积金对中低收入家庭购房支付能力偏弱、保障房后续运营管理薄弱七大问题，这些均值得政界和学界关注。

当前城市住房市场的上述四大特征凸显出当前民众的住房不平等现象和住房市场困境。根据甘犁教授主持撰写的《中国家庭金融调查报告 2014》及《中国城镇住房空置率及住房市场发展趋势》研究报告，2013 年中国城镇住房拥有率达 87%，城镇家庭多套房拥有率达 18. 6%。收入最低的 25%的家庭多套房拥有率是 7%，而收入最高的 25%的家庭多套房拥有率高达 28. 3%。空置住房的共享管理能够盘活城市住房市场的存量房，下面章节会有更多的信息提供。另外，房地产领域“营改增”的实践降低了房地产开发商开发楼盘的成本，能够体现我国开征房地产税收的迫切性和原创性。这些事实启示房地产企业因地制宜，及时调整经营策略，而决策部门对商品房市场调控亦因城施策，并加大供给保障性住房，保护中低收入群体能够安居乐业。

第三章　住房的双重属性分析

一、理论分析

住房首先是人们遮风挡雨的住所，满足人们的居住需求；住房又是家庭重要的资产，在美国 1998 年占家庭总资产的 38%（Bertaut and Star-Mcluer，2000），2013 年达 36%（SCF 统计数据），中国城镇家庭 2013 年统计则高达 60%（《城镇住房空置率及住房市场发展趋势》，2014），2015 年更上升到 65.3%（《中国家庭金融资产配置风险报告》，2016）。住房兼有消费和投资功能，消费功能是基本属性，投资功能是衍生属性，联系着实体经济和虚拟经济（郭金兴，2004；田利辉，2014）。城镇住房的双重属性决定了其供不应求的特点，富人大量购入房产进行投资，穷人支付能力差，基本的住房消费可能被剥夺，故住房持有不平等导致经济和社会问题，发展住房租赁市场可以部分解决社会问题，维持社会稳定（陈小亮和陈彦斌，2014）。也正因为住房具有双重属性，其定价不仅取决于住房市场的供求关系，还受到房价市场预期和货币流动性的影响（胡晓，2010）。

正因为住房市场的复杂性，所以预测房价是一件非常不确定的事情。几年前发生的一件典型的事情可以说明这一点。2007 年 7 月，著名经济学家、加拿大西安大略大学终身教授、北京大学中国经济研究中心徐滇庆教授曾非常确定地预言，深圳房价肯定涨，“如果一年以后深圳房价不涨的话，我向深圳人民道歉”。深圳市民牛刀应战，认为 2008 年当地房价不会涨。两人的论战和打赌激起社会强烈反响，大家都拭目以待 2008 年 7 月的到来。然而，人算不如天算。2007 年底，美国金融危机愈演愈烈，很快波及中国，央行松动银根，货币超发、利率低迷。深圳房价未能在规定时间上涨，但部分地区房价上涨的总趋势是不容改变的。徐滇庆教授 2008 年 7 月 8 日在《南方都市报》如实刊登道歉信，指出“当前推动房价上涨的力量不仅来自供求关系，更重要的是国内流动性过剩”。获胜的牛刀认为，应“起码告诉中国民众，房价不可能只涨不跌”。然而，图 3-1 所示客观数据表明，2009 年深圳房市大涨，到 2015 年开始暴涨，再次显示住房市场价格预测的困难性。

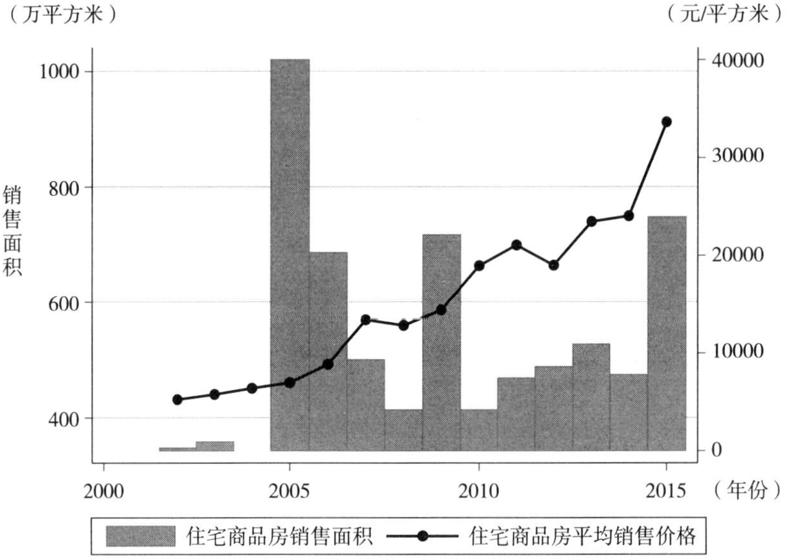

图 3-1　近年深圳住宅商品房平均销售价格、销售面积走势

资料来源：作者根据国家统计局网站数据绘制。

深圳是中国改革开放以来成立的第一个经济特区，是中国改革开放的窗口，曾创造举世瞩目的“深圳速度”。深圳面朝香港特别行政区，背靠广州，同是珠江三角洲的核心城市，目前正在联合香港、澳门、广州等城市积极发展粤港澳大湾区经济。深圳敢为天下先，在我国率先将房屋租赁统计调查业务和研发支出纳入 GDP 核算当中。国家统计局统计显示，2015 年深圳现有户籍人口 354.99 万人，但常住人口达 1137.89 万人，GDP 达到 17502.86 亿元，彰显了其未来的发展潜力。

最近，另一场经济学家和市场人士的打赌正在发生。2017 年 3 月 26 日召开的博鳌亚洲论坛年会上，华夏新供给经济学研究院首席经济学家贾康和齐鲁资管首席经济学家李迅雷现场打赌，赌约是 2020 年中国房产泡沫会不会破灭。贾康认为，在 15 年内一线城市房价上扬趋势不会变，李迅雷则称，2020 年全国房价普跌。赌注是两顿饭。仔细分析两人的观点会发现，贾和李的观点其实并无二致，李迅雷认为影响房地产走势的因素主要是人口流和货币流，但人口流动的减少和货币增速的下降会导致中国房价在 2020 年发生恐慌性的普遍下跌。当然，贾康教授并没有那么悲观，认为只要政府调控和政策不发生根本变化，短期房价是不会下跌的。房价的变幻莫测将经济学家和市场人士不时卷进舆论旋涡以公示于众。其实孰对孰错并不重要，重要的是城市房价基本面如何在理论上进行解释，现实和理论有哪些差别。

以下内容分房价房租公式和四象限模型两部分做理论分析。

（一）房价房租公式

理论上讲，住房在提供服务方面租买无差异，故房价和房租天然地联系在一起。假定房价为 P，房租为 R，则房价可看作房租的折现值之和。即：

$$P_n = \sum_{t=1}^{n} \frac{R}{(1+i)^t} \tag{3-1}$$

当然，上述定价是基于房租每年计一次息，若计若干次息，则类似离散复利转成连续复利，式（3-1）转化为如下形式：

$$P_n = \sum_{t=1}^{n} Re^{-r} e^{-(t-1)i} \quad (3-2)$$

当年份 n 趋近于无穷大时，房价成为永续债券，房租成了稳定的现金流。式（3-1）将转化为如下更简洁的形式：

$$P = \frac{R}{i} \quad (3-3)$$

现实中，住房市场有来自政府的房地产税收，也有住房本身的增值，即所谓资本利得（Capital Gain），以及住房本身的贬值，即折旧。若将房地产税率记作 t，将房价上涨速度记作 g，将住房折旧记作 d，则式（3-3）将进一步变为：

$$P = \frac{R}{i + t + d - g} \quad (3-4)$$

式（3-4）与 Quigley 和 Raphael（2004）异曲同工，表明房价和房租取决于利率 i、房地产税率 t、贬值速度 d 和上涨速度 g。显然，房租既定时，i、t、d 越大，g 越小，住房价格越小。这也启示我们，调控房价可以调高利率、房地产税率，加快拆迁速度，也可以降低房价增长预期。

（二）四象限模型

经典的四象限模型（Four Quadrant Model）是对房地产买卖市场与房地产租赁市场之间动态均衡的分析（DiPasquale 和 Wheaton，1995）。它揭示了理想状态下这两个子市场之间的互动机制，能够解释买卖市场与租赁市场、土地市场与房产市场、增量房市场与存量房市场、房地产直接投资市场与房地产间接投资市场的关系。四象限模型假设存在物业市场（Property Market）和资产市场（Asset Market）两个市场，前者包括住房租赁市场和二手房市场，在第一、第四象限，后者指新建房市场，在第二、第三象限，如图 3-2 所示。其内在的动态逻辑是，住房价格受住房租金制约，同时影响住房新建量，进而影响住房存量，后者传递到房租（崔裴和严乐乐，2010；崔裴等，2014），如此循环不已，实现各个关联子市场均衡。

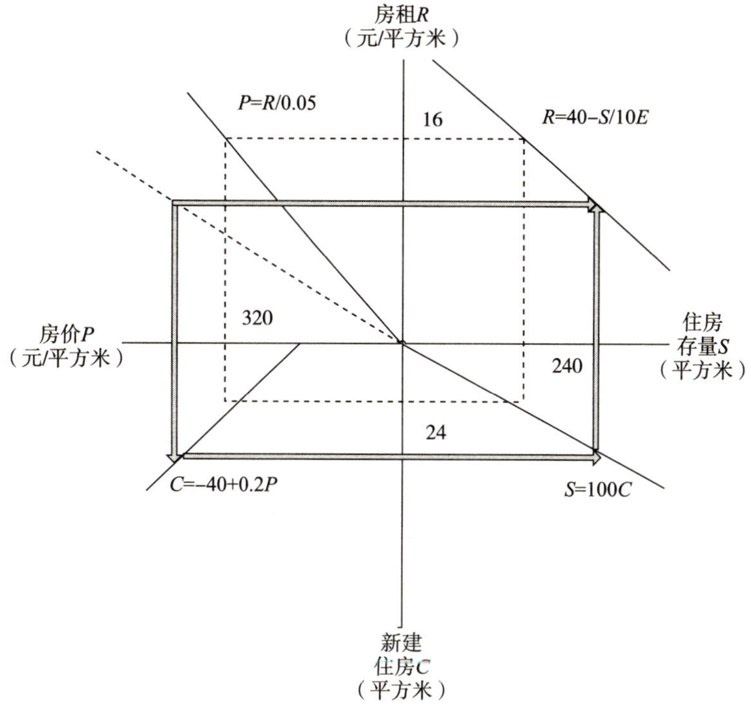

图 3-2　四象限模型：一个具体例子

该模型具有以下几个等式：住房存量等于物业服务需求量，即 $D(R, E)=S$；房租相当于房价的永续年金，即 $P=R/i$；房价是住房新增量的增函数，即 $P=f(C)$，$f'(C)>0$；住房新增量会转化为住房存量，即 $\Delta S=C-\delta S$。举一个例子说明问题。当某个经济体 E 是 1000 人，利率 r 取 0.05，住房存量 S 是 240 平方米时，我们很快得出均衡房租 $R=16$ 元/平方米，房价 $P=320$ 元/平方米，住房新建量 $C=24$ 平方米。当某种原因使得利率 r 降为 0.04 时，房价 P 将上升，住房新建量 C 将增加，住房存量 S 将增加，房租 R 将下降。

理论上讲，在住房市场完全竞争、信息充分、资产可分割、无交易费用、中立税收等条件下，人们通过租赁或购买住房服务并无差异。租赁获取住房消费，购买不仅得到住房消费，还能通过出租或出售获得住房资产的投资功能。因此，早期文献大量研究住房租买决策（Housing Tenure Choice）。经典的研究归功于 Henderson 和 Ioannides（1983）。Fu（1991）进一步修订了其中的错误。Henderson 和 Ioannides（1983）的思想是，用户通过租或买两种行为来选择住房的消费或者投资功能：当消费功能大于投资功能时，用户倾向于租房；当消费功能小于投资功能时，用户购买住房，差额越大，购房动机越强烈。崔裴和严乐乐（2010）认为，当住房资产升值并推动房价不断上涨时，租买选择机制的缺失会促使住房价格持续高于价值，从而形成房地产泡沫。他们在后续的实证研究中发现，在住房租赁市场发育成熟的国家（如德国、美国），住房租买选择机制使得住房买卖价格受住房租金制约而减少波动（崔裴等，2014）。高波等（2013）研究得出，中国房价和房租存在“剪刀差”，与适应性预期成反比，与城市居民收入差距成正比，故强化预期管理、完善分配制度、培育租赁市场对关联当前新建住房市场和租赁市场很关键。刘婷婷和张典（2015）利用 CHFS 2011 年数据分解消费需求和投资需求后发现，我国城市家庭的住房投资需求大于住房消费需求，住房投资需求和住房消费需求之间的差异是影响家庭住房消费决策的主要因素，但不是唯一因素，但对于仅拥有一套房的家庭而言，家庭住房消费决策是消费需求和投资需求共同作用的结果。相关研究还显示，我国自有住宅家庭比租赁家庭具有更高的居住满意度（虞晓芬和黄忠华，2010），这也充分反映了我国的住房租赁市场缺失和自有住房拥有率高企的原因。综上所述，既有文献对住房双重属性和租买抉择的研究丰富了我们对住房功能的认识，对如下开展案例研究和实证研究奠定了重要的学术基础。下面对河北省近期发生的两个典型案例进行分析，旨在说明住房对本地人的基本需求和外地人的投资需求并存，会造成当地房价奇高、社会不稳。依据上述理论基础，大力倡导租售同权，积极发展住房租赁市场或许是抑制房价飙升的有效手段。事实上，2017 年 7

月 20 日，住房部连同国家发改委、公安部、财政部、国土资源部、中国人民银行、税务总局、工商总局、证监会共八个部门共同发布《关于在人口净流入的大中城市加快发展住房租赁市场的通知》，在 12 个城市进行首批试点住房租赁工作，逐步将住房和公共资源的分配脱钩，表明党和国家领导人已经意识到住房市场的顽疾，正在稳步有序地发展租赁市场。

二、案例分析

（一）崇礼房产市场的现状和趋势①

1. 崇礼房产市场的现状和趋势

当今社会是开放性社会，某些旅游资源丰富的县城已介入现代化城市系统的发育与竞争中，势必呈现出区别于传统封闭性县域和旅游城市的经济特征。开放性县域房产市场房价较高但当地房租较低，这同其支付能力和人口规模有关，故调控这类县城房价应区别对待不同群体和不同城区。崇礼县属于国家级贫困县，2015 年 7 月 31 日发布的 2022 年冬奥会申办成功的消息使其一夜成名，当地房价加剧上扬。据报道，冬奥会申办成功前崇礼房价是每平方米 5000~7000 元，之后涨到 10000 元以上，好地段高达 15000 元（聂辉，2015）。基于笔者近期的实地调研，本部分将就此类开放性县域的房价变动现象展开理论分析，并提出针对性建议。

本书将开放性县城（Open County）界定为常住人口较少、经济重心在农业、财政和规划相对独立、地理扩展有限、人文或自然环境宜人的县城。相对于传统封闭性县城，这类县城具有较高的环境价值，尽管本地居民经济能力有限，但外来短期消费和投资的人口众多。而相对于旅游城

① 柴国俊，李建平．开放性县域房产市场有何不同？——以张家口崇礼近期房价变动为例［J］．经济资料译丛，2015（3）：37-43.

市，这类县城常住城镇人口较少，财政和规划具有相对自主权。宜人环境带来价值，环境的形成条件又可能制约此类县城的未来空间扩展。由此而言，开放性县城兼有旅游城市和封闭性县城的特征，另外还具有自身特点，势必表现出当地居民为主的传统城区和外地人构建的新城区之间在经济、社会各方面的互动与冲突。开放性县城发展较为成功的是云南香格里拉。我们选取河北崇礼作为分析对象，试图抛砖引玉。[①]

崇礼县属张家口地级市，位于张家口市区东北方向 50 千米，距北京 220 千米，距天津 340 千米。崇礼方圆 2324 平方千米，包括八个乡和两个镇，政府所在地在西湾子镇老城区，新城区是外地人聚居区域。当地统计局 2014 年数据显示，全县城乡居民共 13 万人，财政收入 7 亿元左右，第三产业贡献 GDP 近 1/4。崇礼县属温带大陆性气候，夏天适宜避暑，冬天适宜滑雪，被称为“中国雪都”。[②]

崇礼房产市场的现状和趋势主要有如下两个特点：

（1）房价持续上涨，老城区可支付性差。

从全国经济新常态形势看，各城市相继出台商品房的刺激政策，导致房价有所回暖，但各地房价变化有所区别[③]。在全国 70 个大中城市住房价格指数中，北京 2015 年 7 月、8 月均环比上涨 1.1%，天津均上涨 0.2%，石家庄分别上涨 0.4%、0.5%，呼和浩特分别上涨-0.1%、0%，唐山分别上涨 0、-0.2%；秦皇岛分别上涨-0.2%、-0.1%。2015 年 7 月、8 月与上年同比，北京分别上涨 1%、3%，天津分别上涨-2.2%、-1%，石家庄分别上涨-2.4%、-0.8%，呼和浩特分别上涨-7.4%、-5.9%，唐山分别上涨-4.8%、-4.1%，秦皇岛分别上涨-2.7%、-5.9%。明显看出，除北

① 有趣的是，本章节论文发表不久，崇礼县很快消失，2016 年 1 月作为崇礼区划入张家口市区。

② 更多信息可参考崇礼县官方网站 http：//www.zjkcl.gov.cn。

③ 可参阅 Why Chinese economic worries look overdone，Aug 21st 2015，http：//www.economist.com/news/china/21661959-despite-financial-nervousness-rebalancing-continues-why-chinese-economic-worries-look-overdone。

京外，距离崇礼较近的其他城市房价同比是下降的。相对而言，崇礼县的房价上涨较快，这两个月分别环比上涨10%、26%（见表3-1）。在实地调查中，我们得知崇礼商品房大致分普通住宅和公寓两种，前者面向清水河西本地居民，后者主要面向河东外地人。笔者经走访了解到，典型楼盘四季小镇的商品房由申奥成功前的每平方米8000~10000元，上升到申奥成功后的每平方米12000元左右，润泽苑的房价由每平方米4900元左右上升到7700~8000元。同时，当地房价上涨后，销售量有所减少，但两房地产商均表示没有回调房价的打算。

表3-1　崇礼县城申奥成功前后商品房价格对照

类型	楼盘名称	7月1日单价（元/平方米）	8月5日单价（元/平方米）	9月17日单价（元/平方米）	8月5日存量（套）	9月17日存量（套）
普通住宅	润泽苑	4988	7788	7988	100	50
	崇河6号	7500	9000	9000	80	60
	华府礼尚	7800	9888	9888	300	300
精装公寓	四季小镇3期	12000	13000	12500	200	140
	英伦秀水湾2期	7750	8988	8988	80	20
毛坯公寓	容辰庄园	9880	12800	12800	100	95

资料来源：绝大部分数据来自崇礼县物价局2015年9月底物价分析报告，部分来自房地产交易所汇总。

房价高不高，归根结底是考察当地普通家庭的可支付性问题。房价收入比指标能够度量家庭支付能力和住房市场整体运行状况（张清勇，2011）。根据2013~2014年《中国县域统计年鉴》、各级统计机构信息，利用房价收入比=总房价/家庭年收入=（商品房单价×商品房面积）/（人均可支配收入×户均人口数）（吕江林，2010；张清勇，2011）[①]，若仅使用普通住宅数据，我们计算出2013年崇礼县当地居民房价收入比为17.747。这一数字远高于2012年全国平均水平9.523以及2013年全国抽查水平7.334（甘犁等，2015），更超出快速城市化国家合理区间4~6（张清勇，2011）。这说明诸如崇礼的开放性县城远不同于绝大多数三线城市房价收入比勉强合理的事实，当地高房价和低收入严重不匹配。实际上，崇礼县城区人口不足3万人，当地城市居民2014年可支配收入21750元，农村居民纯收入仅6480元。而外来雪客、投资客大体来自北京、天津、张家口市区的经济殷实家庭，北京人居多。若以北京2014年可支配收入43910元来计算河东房价收入比，可得8.426，这个数字基本处于全国合理区间，反映出外来人购房可支付能力不成问题。初步认定，老城区的房价上扬属于新城区高房价的传染和扩散的结果。

正如某个突发事件在股票市场有反应一样，突发事件对开放性城市的房地产市场亦有影响。曾有研究发现，地震等自然灾害对当地房价下跌存在居民反应过度的现象（邓国营等，2010；Deng等，2015）。但申奥成功等正面消息会对崇礼房价上涨产生过度反应影响吗？依据市场调研和以往申奥城市房价变化事实，我们初步认为：日后河东岸房价回落可能性较小，河西岸可能有所回调但相当有限，市场反应总体理性，不会出现恐慌性抛盘现象。当然，申奥成功的消息对房价上涨影响具体多大，对既往的滑雪、避暑旅游资源影响多大，需要根据翔实的历史数据做进一步剥离和测算。

（2）老城区房租较低，新城区房租较高。

理论上讲，房价租金比（租售比的倒数）能够度量住房资产价格是否虚高（吕江林，2010）：其值越高，反映住房资产泡沫程度越大。房价可

---

① 当然，“房价收入比”以及如下“房价租金比”短期内并不能准确度量房地产泡沫，因为它们均假定住房是消费品，忽略了住房投资功能以及发展中国家收入高增长特点及城市化因素，可参照式（3-4），这也是陆铭和韦志超在陈杰等（2017）章节中再三强调的。

视为房租的永续债券，也就是说，房价=房租/利率。若把购房者出租住房行为看作投资，则房价租金比越高，代表名义投资回报率越低（徐滇庆，2010）。根据申奥成功后崇礼房价和房租信息以及房价租金比的计算方法（住房销售单价/住房月租赁单价），我们估算出当地河西老城区房价租金比大约为895.867，而在河东新城区这一数字大概是571.465，河东高于河西，但二者均处于合理区间360~480（吕江林，2010）以外的很高阶段，与全国近些年房屋销售价格远高于租赁价格的“剪刀差”现象（高波等，2013）相呼应。在上述房价较高的前提下，河西房租相对较低，100平方米住房平均每月仅1000元，河东大约翻倍。这一事实初步说明，崇礼县特别是河西的商品房价格高估、租赁市场不发达。

2. 崇礼房价上涨原因分析

开放性县域房价的上涨，很大程度上是由于开放性县域市场的特殊性造成的。崇礼县地域狭窄，土地资源相对稀缺，常住人口相对较少，但它又是全国著名乃至在世界有一定影响的避暑、滑雪、旅游的开放性县级城市。这就极易造成较小市场供给与庞大市场需求之间的不平衡，加上外来人口有较高购买力，从而推动着房价的上涨。具体从如下三个方面分析：

（1）地价上涨影响。国际经验告诉我们，地形对居住地开发影响巨大，会极大地决定住房供给弹性大小（Saiz，2010）。崇礼县重点区域大致是清水河谷，呈东北—西南走向，河西岸是老城区，东岸是新城区。图3-3显示，居民用地仅占城市建设总用地的40.3%，目前的房地产开发项目90%以上为四五十年商业、旅游等房地产开发用地性质。狭长地形导致土地供给有限，当地住房供给显然缺乏弹性。与此同时，张承高速公路的建成以及京张高铁和崇礼支线、张承高速二期、张沽一级公路的开建均需土地。按照申奥方案，张家口市崇礼县将承办2022年北京冬奥会除高山速降外的其他雪上项目比赛，本县太平庄村镇附近不久要建太子区国际比赛滑雪场。[①] 类似奥运会设施的预期建设导致土地需求更为旺盛。供求两种

① 进一步信息可参考2022年北京冬奥会官方网站 http：//www.beijing-2022.cn。

作用共同加剧了这些新城区地价的上涨，引致房价攀升，并扩散到老城区的房产市场。

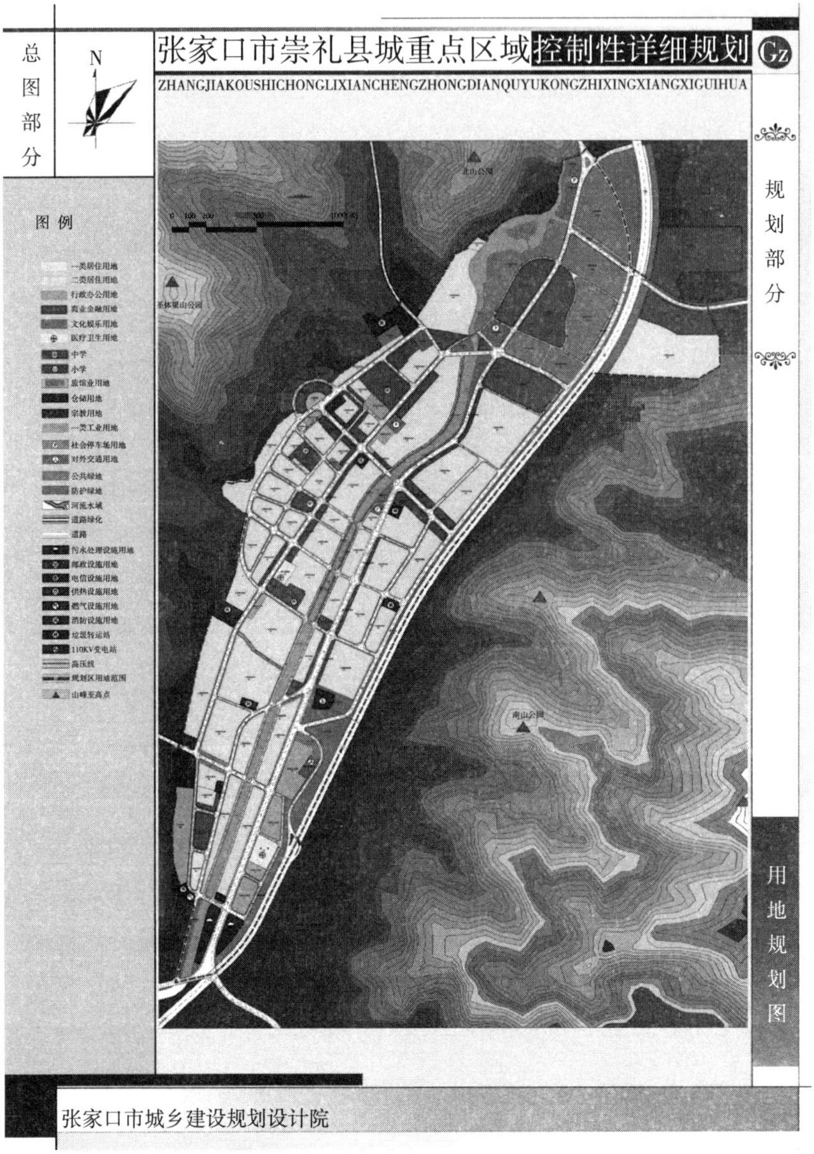

图 3-3　崇礼近期规划示意图

资料来源：崇礼县城乡规划局 2015 年 10 月提供。

(2) 旅游城市特点所致。根据补偿性地租差异 (Compensating Land-rent Differential) 理论，开放性城市系统的家庭户间接效用水平≈工资+环境价值-房价，这里房价等同于地租。住房市场和劳动力市场同时达到均衡时，两地的环境资源价值差=常数×房价差率-工资差率，常数为房价占消费的比重 (Roback, 1982)。在两地环境资源价值差距较大的极端前提下，房价较高、工资较低实属正常现象。大量国内外文献证实，城市房价的溢价很好地体现出其工资溢价以及城市生活质量（或称宜居程度）溢价的总和 (Gabriel 等, 2003; Berger 等, 2008; Zheng 等, 2009)。这也正是大连、青岛、厦门等旅游城市房价偏高、工资偏低的重要原因。

崇礼县属于东亚大陆性季风气候中温带亚干旱区，常年温度在 0~20 度，年平均降水量 488 毫米，存雪期长。地貌坡度平缓，一沟一乡，沟与沟之间形成优质的天然滑雪场达 130 平方千米，总共有密苑·云顶乐园、多乐美地、塞北、万龙、长城岭等多个滑雪场，以及翠云山旅游度假村、太舞四季旅游度假区、农家老院、草原天路等旅游胜地。在靠近滑雪场的河东修有宽阔道路、户外用品店、旅行社和酒店等配套设施。公开报道显示，2015 年前 11 个月全县共接待游客 224.9 万人次，同比增长近 30%。崇礼良好的自然风光和气候条件，形成了较高的环境价值，外来人口养老、度假、投资意向导致房产需求不断增加，加之土地资源供应紧张，构成推动县城特别是新城区房价持续上涨的主要原因，也决定着房价的未来变动趋势。

申奥成功则是崇礼房价短期迅速上涨的主要因素，其逻辑是：外来购房自住者和购房投资者预期到申奥成功后，随着交通、比赛场馆建设的展开以及县城基础设施、服务业的完善，土地供应会更紧张，必将导致地价、房价进一步上涨，早买比晚买能获得更大的收益。这种预期与房地产商的预期相吻合，在商品房供给变动有限的情况下，需求的扩大最终导致公寓乃至普通住宅房价的加速上涨。交通的便利和产业的聚集，甚至使整个张家口地区的房产项目备受青睐。其背后的经济学直觉可以用图 3-4 表示：申奥成功的消息刺激住房投资需求的增加，需求曲线移向右方，在供给曲线缺乏弹性的情况下，势必将均衡房价从 P_1 推高到 P_2。新城区的高房价会逐渐扩散到老城区，影响当地居民经济行为。事实上，崇礼房价这一扩散现象非常类似芬兰赫尔辛基内部周边地区的房价显著影响城市中心地区房价的波纹效应（Ripple Effect）特征和影响途径（Oikarinen，2004）。

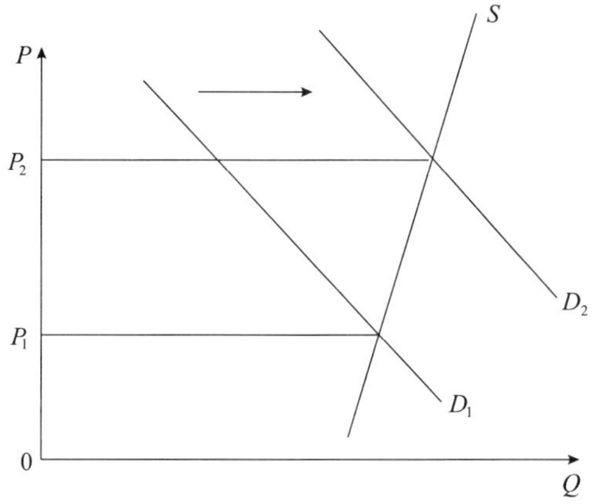

图 3-4　住房投资需求增加对房价的影响

（3）城市化速度快。崇礼县城城市化速度快，导致尤其河东住房租赁市场不发达是不争的事实，背后一个原因是城市化迅速。李嘉图租金理论认为，城市化进程中的房价租金比与城市化速度高度正相关，但城市不再扩张时二者无关（Dipasquale 和 Wheaton，1995）。具体地，城市的扩张和规划即城市化的进程，能够反映城市未来发展方向和升值空间，即在靠近中心城区的地方交通生活服务设施较为完善，反映住房使用功能的租金较高；远离城区的小区房租相对较低。开放性县城特殊之处就在于，城市化进程中不同城区人群的支付能力差异导致房租发生反转。例如，崇礼实际的发展趋势是，近年来清水河西退化为原住市民聚居地，拆迁改造后的河东演变为游客、务工人员和其他新移民的工作居住地。崇礼县地形狭长，老城区各种设施齐全，房租相对封闭性县市较高自然有高的逻辑，但租赁市场不发达的现实拉低了这一地区的租金回报，新城区反而较高。本地城市化事实是：产业原因导致历史上的崇礼城市化率相当低，2002 年仅为 1-11/12×100% = 8.3%，2012 年上升为 1-10/13×100% = 23.1%，高于同期全国 39.1%、52.6%的绝对变化。河西既定的城市化趋势理论上不会同房价租金比发生作用；河东相对封闭性县城房价租金比较高的事实反映当地城市扩展速度较快。这里的政策含义是：河东若想将其房价租金降低到合理水平，县政府势必要做好控制性规划，适度调慢县城清水河东的城市化速度。

理论上讲，住房租赁市场活跃会分流一部分购房群体，而县域租房市场不景气则会引致房价上涨。进一步而言，房地产价格形成机制问题是房地产研究的核心问题。住房的价值实质上是租金收益的现值和，作为资产收益的租金就成为连接住房资产市场和物业市场的关键因素。在成熟的市场经济环境下，经典的存量—流量模型（即理论分析部分的四象限模型）表明，租金回报率和房价之间能形成一种相互影响制约的联动效应。不发达的租赁市场则阻碍这种地租平抑高房价的机制，造成房价租金比很高，房产投机色彩浓重。故崇礼老城区房价租金比更高的现象本质上说明该地房价虚涨成分更大，资产泡沫化更为严重，新城区则相对符合全国大中城市平均水平，尽管仍高于一般县市水平。

3. 调控崇礼房产市场的思路

作为一个开放的旅游县城，旅游、滑雪、住宿、餐饮、房地产等产业的发育，促进了当地经济的发展，在增加当地居民就业、收入方面具有积极的作用。同时，开放也带来了住房等商品价格的上涨，影响到当地居民的生活。其本质是：外来高收入群体投资房产市场带动本地房价过度上涨，而租赁市场不发达导致房租不足以平抑高房价。因此，开放性县域政府的工作思路应该是：按照住房需求层次，区别对待不同群体、不同城区，在充分发挥市场在房产资源配置中的决定性作用的同时，更好地发挥政府的监管、规划功能。例如，崇礼新城区购房居住的外地人群以及本地的高收入人群，住房投资投机性需求旺盛，对房价的上涨反应不大，河西岸的当地工薪阶层和低收入阶层是对房价反应最为强烈的群体，尚处于住房刚性需求和改善性需求阶段，2015 年 7 月底房价的快速上扬已经影响到他们的生活水平。因此，维护老城区工薪阶层和低收入阶层的利益是这类县政府调控房价的工作方向。依据前述房产市场现状和趋势以及背后原因，针对开放性县域住房的具体措施和建议总结如下：

（1）利用环境价值提高工薪阶层和低收入者的工资水平。相对于京津冀其他地区，张家口崇礼自然环境宜人，发掘环境价值来补贴类似开放性县城的家庭大有作为。可充分利用与北京联合申办冬奥会和京津冀协同发展两大历史机遇，在环境治理方面重点推进水资源环境治理、湿地保护、环首都林业生态建设等一批合作项目，落实好农村面貌改造提升、重点区域生态绿化、环境污染专项整治等一批环境治理工程，争取生态补偿资金和拆迁、征地财政所得，在符合各级经费使用规定前提下来精准反哺当地中低收入民众，以提升他们的房产支付能力。

（2）盘活存量住房，利用托管等多种形式降低空置率。住房空置率包括仅有一套住房的家庭因外出务工等原因而空置的自有住房以及多套住房家庭持有的既未自己居住也未出租的住房两种情况。2013 年 CHFS 报告显示，类似崇礼的三线城镇住房空置率高达 23.2%（甘犁等，2015）。因此，开放性县城可引入外来人口复兴老城区住房租赁市场，特别是盘活私人租房市场甚至二手房市场，提升这些地区的租金回报率；同时采取多种途径降低新城区空置率，例如崇礼河东外地人住房闲时托管式服务的思路极大地提高了河东住房租金回报，值得提倡和推广。当然，对空置房屋征收房地产税是打击各类城镇市场主体投机住房行为的长久之计。

（3）暂缓发展保障性住房，本地住房刚性需求已满足。刚性需求大致包括家庭没有住房、拥有住房但住房不在生活及工作的地方以及家庭有成年子女的分家需求三种，基本囊括县域机关事业单位家庭和本地结婚买房家庭。2013 年 CHFS 表明，这类住房需求平均占全国住房总需求的 24.6%

(甘犁等，2015)。崇礼全县现有住房16086套，另外无证房屋5000套左右，已完成廉租房651套、公租房240套，在建各类社会保障性住房234套。按照当地城市化率及无证住房对半属城镇居民来估算，包括在建在内的社会保障性住房占总住房比例达到26.229%，甚至高于上述全国平均水平下的住房刚性需求，同上述报告预测结论相近。尽管1998年福利分房制度终结以来，国家先后推出廉租房、经济适用房、限价房、公租房等种类繁多、范围宽广的社会保障性住房政策（陈海航和王晓雨，2013)，但双轨制下监管不力导致的落实和分配问题备受批评。笔者认为，这类开放性县城的社会保障性住房供给已基本满足当地刚性需求，如何切实让刚性需求家庭实现居者有其屋，传统的供给要慎之又慎，“精准扶贫”战的重点应从供给调整为分配。具体可以借鉴重庆公租房经验和北京限价房经验（陈海航和王晓雨，2013)，结合本地布局实际情况制定好监管政策，确保准入和退出机制落地执行，真正惠及本地中低收入家庭。如崇礼的社会保障性住房一部分在河东新城区，很可能不能有效照顾本地中低收入者住房问题，因此，统筹不同群体支付能力、设置好对应住房的空间布局成了问题的关键（杨靖等，2009)。

(4) 吸引人口，升级产业。县城常住人口较少制约着市场规模的扩大，规模效应和集聚效应无法发挥。要解决这个问题，可采取完善配套设施，吸引周边市民和农民迁来当地县镇长期居住，规划好新城区城市化速度。笔者通过当地调研粗略判断：外地人构建的新城区以务工人员居多，经济殷实人士和高端人才数量尚少且不稳定。在大学生回流县域工作的全国背景下，开放性县城政府应出台更多住房、创业等优惠政策吸引他们，在控制劳动密集型产业的同时，因地制宜地发展诸如滑雪配套服务或会展等高端服务业。事实上，崇礼县有着较长历史的滑雪赛事的举办经验，曾成功举办过13届中国·崇礼国际滑雪节。所以，进一步建设具备国际水准的滑雪示范性学校、打造专业化的滑雪运动队伍，应是下一步努力的方向。高端人才和产业的持久维持同政府优惠政策的出台和宽松环境的营造息息相关。“硕博人才”引进计划和大学生创业园建设项目的推进，不失为一种积极探索。根本上说，在没有房产税的情况下，吸引外地居民和本地农民进城定居，构筑当地投资、消费长久条件，方能防止重大利好后开放性县域的房产市场萎缩。

（二）雄安新区住房市场分析

1. 雄安新区的成立

2017 年 4 月 1 日，中共中央、国务院宣布成立雄安新区，包括河北省雄县、容城、安新三县及周边部分区域（如沧州市任丘市的苟各庄镇、鄚州镇、七间房乡）。新华社报道称，“这是继深圳经济特区和上海浦东新区之后，又一具有全国意义的新区，是千年大计、国家大事”。《河北日报》4 月 2 日总结，“设立雄安新区，是以习近平同志为核心的党中央深入推进京津冀协同发展做出的一项重大决策部署，对于集中疏解北京非首都功能，探索人口经济密集地区优化开发新模式，调整优化京津冀城市布局和空间结构，培育创新驱动发展新引擎，具有重大现实意义和深远历史意义”。雄安新区并非“横空出世”，其从提出到论证历经数年，反映了中央决策的慎重和科学论证的艰辛。有消息披露，雄安新区的选址论证可直接追溯到 2011 年度“国家最高科学技术奖”获得者吴良镛院士率领的清华大学规划团队（以吴唯佳教授为代表）的国家自然科学基金重点项目《京津冀地区城乡空间发展规划研究三期报告》。该报告指出，北京的第三政治文化功能空间框架包括东部、西南和南部三个选址，由于东部城市蔓延问题，西南交通不佳，最终推荐水文、地质较佳的白洋淀地区即南部选址，并被最高层选中。①这体现了老一辈科学家务实的精神，也反映出地理、规划、建筑等理工类学科的强势和经济学科的相对弱势现状。

按照中央干部调整部署，曾任深圳市委书记和主管国家计委高技术产业的

① 唐驳虎：都在说雄安新区，我来谈一些干货吧（上），http://share.iclient.ifeng.com/news/sharenews.f?forward=1&aid=120630761。

领导许勤被迅速调任河北省省委副书记、副省长、代理省长、省长、党组书记，现任河北省委常委、常务副省长和曾担任滨海新区区委书记的袁桐利兼任雄安新区的临时党委书记（后由陈刚继任），现任河北省委常委、副省长和曾担任北京市朝阳区委书记的陈刚兼任雄安新区党工委书记、管委会主任。而京津冀协同发展专家咨询委员会组长是全国政协副主席、中国工程院院士、前上海市市长徐匡迪，京津冀协同发展领导小组组长则是中共中央政治局常委、国务院副总理张高丽。这样的人事布局是党和国家决策高层有意将深圳、上海、北京、天津的先行经验带入河北，为外界释放出跨越式发展的信号。

毋庸置疑，2017 年“愚人节”发布的创建雄安新区这一重磅消息瞬间吸引全球目光，深刻影响到当地住房和股票（见图 3-5）。[①] 不过，最近北京大学首都发展研究院院长李国平接受凤凰财经专访时认为，雄安新区发展规模要控制，“最终规模不会像当前市场预期那么大”。官方说法是，雄安新区规划建设以安新县大王镇为核心的 30 平方千米启动区先行开发，初期起步区面积约 100 平方千米，规划人口 100 万人，中期发展区面积约 200 平方千米，规划人口 200 万人，远期控制区面积约 2000 平方千米，规划 500 万人。本节选取这一社会热点，总结并展望雄安新区的住房市场。

2. 雄安新区局势分析

按照中央政府的权威说法，规划雄安计划的目的是解决北京的“大城市病”，即北京人口过度膨胀带来资源压力。这种“大城市病”归根结底是政府直接配置资源的结果，包括市政基础设施的过度倾斜、教育和医疗等优质资源的高度集中，这直接导致北京房价的畸高和外来人口的过度流入（盛洪，2017）。按照城市经济学的理论，形成城市的原因有政治、军事、经济等方面。经济因素导致的城市一般是交通枢纽、贸易口岸。即使是政治性城市，也被广义地认为是在交易无形产品，城市规模也受制于其

---

① 新华社 2017 年 4 月 13 日披露，早在 2016 年 3 月 24 日，习近平总书记主持召开的中共中央政治局常委会会议上，就审核通过了《关于北京市行政副中心和疏解北京非首都功能集中承载地有关情况的汇报》，同意“雄安新区”规划选址。

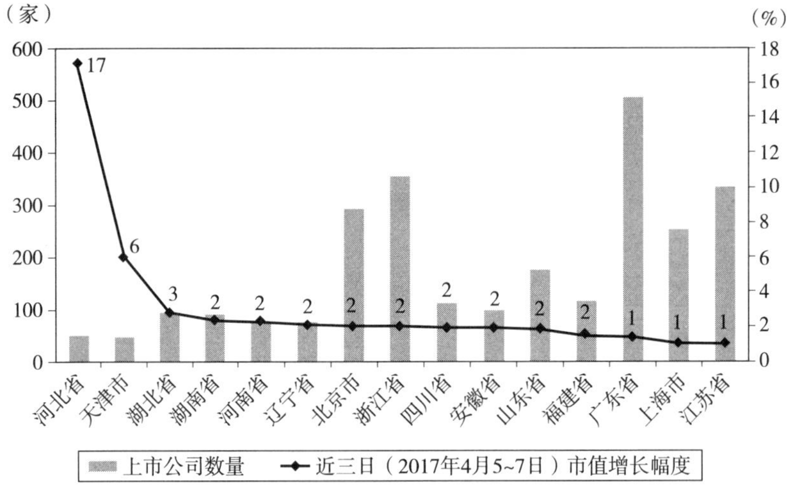

图 3-5　雄安新区事件对全国股市的影响

资料来源：转引自 21 数据新闻实验室，2017 年 4 月 8 日。

财政规模。政府过多地干预会导致资源配置扭曲，如北京反腐倡廉前盛行的各级政府和机构驻京办，他们均在不同程度地游说中央政府给予财政转移支付和行政审批项目，实际上只是在转移和分割生产性产业创造的价值。这里生产性产业包括贸易、金融、制造和科技（盛洪，2017）。雄安新区的创立会在一定程度上打破既得利益格局，在一片白纸上集中承接北京非首都功能，推进京津冀协同发展，打造北方新的增长点。① 雄安离北京不远，能够接受北京的辐射和带动，能够承接和转移非首都功能；又离北京不近，能够起到疏解目的。

随着政府规划的明确与落实，便捷的市政基础设施和公用事业自然会

① 新华社 2017 年 4 月 13 日报道，从北京角度看，北京通州副中心和雄安新区作为“两翼”分列北京中心城区两侧；从河北角度看，雄安新区和崇礼冬奥会为推进张北建设提供机遇，分列河北两侧。2017 年 8 月 22 日《新京报》进一步明确北京“两翼”发展定位，即河北雄安新区主要承接中央在京部分行政事业单位、总部企业、金融机构、高等院校、科研院所等，北京城市副中心则主要发展行政办公、高端商务、文化旅游等。

吸引理性的人口流入，高校、国企等更多承载社会责任的单位迁入会增加产业活力，全球高端人才会涌入创业，这些正是地理优势匮乏导致第一层次集聚效应不足，但信息流汇集而产生第二层次集聚效应的本质要求，也是新型城市创新的源泉和不竭动力。长远来看，雄安新区力争建成中国的硅谷，建成“中国创新之都”。

对此，原北京大学秘书长、现首都经济贸易大学副校长杨开忠（2017）认为，雄安新区规划建设要处理好北京城市功能疏解集中承载地和首都功能拓展区的关系、雄安与北京副中心和"通大新区"的功能定位关系、人才发展和首都功能拓展的关系、交通与土地利用模式的互动关系以及人口、资源、环境、发展的关系五方面内容。具体在人口和产业方面，中国人民大学区域与城市经济研究所教授张可云（2017）指出，人口和产业集聚理论上要遵循共享、匹配、学习等微观机制发挥，同时中央支持政策、北京非首都功能承接政策、人才引进与流动政策及行政建制安排等政策保障很重要。在非首都功能承接方面，南开大学经济与社会发展研究院李兰冰研究员、郭琪博士和吕程博士生在2017年共同撰文认为，雄安新区开发对强国战略、南北均衡发展、京津冀世界级城市群建设意义重大，基于打造京津冀世界级城市群视角建设雄安新区，就要以承接非首都功能为起点，尽快培育新产业体系，并对接京津冀优势创新资源，以推进创新驱动力度，还要优化城市治理等制度供给。

最近，河北省内诸多专家就雄安新区的定位和未来发展同样撰文解读、贡献力量。河北经贸大学校长、京津冀一体化发展协同创新中心主任纪良纲（2017）指出，规划建设雄安新区，必须把创新作为动力之源，强化科技创新的引领作用，切实实施人才发展战略，构建激励相容的体制机制，营造崇尚创新、尊重创新的社会氛围。纪良纲校长还和河北经贸大学雄安开发研究院常务副院长、京津冀一体化发展协同创新中心专职副主任、经济研究所所长田学斌及商学院教师赵培红撰文进一步展开论述雄安新区的创新发展道路。他们认为，雄安新区的战略定位体现了突破现有区域城市发展难题的问题导向，还彰显了引领未来发展方向的新理念。他们明确指出，《京津冀协同发展规划纲要》对京津冀的定位之一是全国创新驱动经济增长新引擎，重要任务之一是打造京津冀协同创新共同体。当前三地创新要素与创新能力差距大、创新产业链断裂等事实呼吁河北新的增长点，雄安新区由此设立。他们总结，深圳特区创新精神表现在“敢闯”“包容”上，浦东新区探索自主创新，在改革问题上达成“浦东能突破、上海能推广、全国能借鉴”的目标，创新、改革和开放是两地迅速崛起的不二法宝。由此，他们认为，应以人民为中心，用创新的思维、改革的办法和开放的方式来推进雄安新区的建成。河北经贸大学副校长、雄安开发研究院执行院长武义青同经济研究所研究人员柳天恩、窦丽琛在《经济与管理》期刊撰文认为，建设创新驱动发展引领区，是国家对雄安新区的战略定位，同时是新时期国家赋予雄安新区的历史使命。他们总结，深圳经验包括以企业为中心以市场为导向推进科技创新、以科技为源头以产业为终端推进产业创新、以人才为抓手吸纳集聚高端创新要素资源、以金融创新为支撑助推科技创新等方面。通过借鉴深圳建设创新型城市的成功经验，武义青等（2017）从构建新型区域创新体系、面向国内外吸纳和培育高端创新主体、吸引和集聚优质创新要素、以体制机制高地打造创新发展高地等视角提出建设雄安新区创新驱动发展引领区的政策建议。中国经济体制改革研究会副会长、河北省经济信息中心原主任刘万玲（2017）强调，“对标国际先进理念和模式，借鉴深圳经济特区、上海浦东新区的做法和经验，结合雄安新区实际情况，探索新区管理新模式，构建精简、高效、统一、精干的行政管理机构，提高服务效率”。他建议“科学设置政府结构，整合行政资源，减少管理层次，积极推进‘放管服’改革，赋予新区更大的自主发展权、自主改革权、自主创新权，探索构建更加开放、更加灵活的经济建设和社会管理运行机制”。刘万玲提出，应按照“大部门、宽职能、综合性”的原则，探索建立新型的新区行政管理体制，建立体制机制新高地。

事实上，雄安新区被中央认定为十八大以来主抓的一个新区建设，是党中央批准的首都功能拓展区，是同深圳、上海浦东一样具有全国意义的新区。中共十八届五中全会正式提出“创新、协调、绿色、开放、共享”五大发展理念。这次习近平总书记更明确指出，雄安新区要建成“绿色生态宜居新城区、创新驱动发展引领区、协调发展示范区、开放发展先行区，努力打造贯彻落实新发展理念的创新发展示范区”，这是对新发展理念的应用和具体化。因此，现在雄安新区的功能定位至少包含三层意思：北京非首都功能疏解的集中承载区、北京市反磁力中心、京津冀区域发展的新的经济增长极。也就是从起初强调的“疏解北京非首都功能”向“缩小京津冀收入差距”转变，雄安新区承担多重历史使命。新区建设是一项历史工程，必须坚持“世界眼光、国际标准、中国特色、高点定位”的理念，坚持以人民为中心，一定要让老百姓得到实实在在的获得感，有效吸收北京人口和功能疏解转移，实现与北京中心城区、北京城市副中心通州的错位发展。

3. 雄安新区住房市场展望

雄安新区一直严厉管控房地产市场，官方说法是“将制定全新的住房政策，严禁大规模开发房地产”，创新驱动将是主旋律，探索房地产新型开发模式。2017 年 5 月 18 日，河北省常务副省长、雄安新区临时党委书记袁桐利接受新华社专访时透露，不搞大规模土地批租和土地财政，让低房价成为新区核心竞争力。他还认为，要对新区制定适合发展需要的住房保障体系，将保障性住房做好做实。事实上，雄安新区在体现市场在资源配置中起到决定性作用的同时，政府同样要积极发挥引智和引资的作用。国家信息中心中经网管理中心副主任朱幼平曾在 2017 年 4 月 16 日北京大学经济研究所主办的“东方红 · 宏观经济与金融市场沙龙”上指出，雄安离京津都很近，但不是承接北京垃圾产能，也不是强行赶走体制内弱势群体，而是资源和产能在空间上的再配置。

对于雄安新区，本书总结，当地住房价格受重大政策冲击过甚，在房地产市场受到严格管制后，北京等地的过剩资金转入股市和地下房市，调控当地住房市场还需解决好本地高涨的房价和刚性需求之间的矛盾，尽快落实征地搬迁工作。

治理征地拆迁需要理顺中央和地方关系，需要重塑官民、干群、政商关系，重视制度创新和激励相容。雄安新区当前首要工作是征地拆迁，官方提出“研究建立土地收储制度，不搞土地批租，不搞土地财政，严禁大规模搞房地产开发”，这表明中央摒弃了土地财政旧思维，是对旧城镇化的强力修正。如何为新型城镇化筹资，实现城乡共生共融，全国部分地区的改革实践值得参考。征地方面可以借鉴成都、重庆土地制度改革的经验。成都通过“占补平衡”“增减挂钩”“还权赋能”来推动城乡统筹综合改革，让基层官民分享城镇化、工业化红利（北京大学国家发展研究院综合课题组，2010）。拆迁方面可以借鉴广东三旧改造的做法，特别是深圳城市更新的成功案例。深圳通过引入市场主体，由开发商承担拆迁赔偿，再协议转让国有土地，通过收取确权税来达到多元开发、官商民共赢局面（北京大学国家发展研究院综合课题组，2014）。

近年来，西咸新区的“和谐拆迁”实践值得推介。新区政府在新区征地拆迁过程中充分尊重群众的主体地位，尊重群众发展权，与地方政府联合办公，最大限度地保障群众的合法利益，达到零上访、零加盖的优质效果。具体而言，他们在征拆实践中创立五金新模式，即在征拆补偿时，群众可领到现金；在回迁后可利用闲置的房屋收租金；在安置小区预留商业用房经营中，回迁户可领取商铺股金；在被征拆群众再就业工作中可赚取薪金；在晚年养老时可领取城市社会保障金。在西咸新区征地拆迁实践中，新区政府关注群众的利益，从补偿到就业，较好地实现了政府和民众的良性互动。

事实上，自 2015 年初，我国就开始农村土地征收、集体经营性建设用地入市和宅基地制度“三块地”改革试点工作。农业部农村经济研究中心研究员廖洪乐很早就指出，农村土地征收改革的核心问题包括提高征地补偿和缩小征地范围。目前广大农村和城乡结合部普遍存在征地赔偿低的问题，城镇住房拆迁赔偿略有提升，但仍总体低于市场价赔偿，这是近年征地拆迁冲突不断的重要原因。近日，河北省保定国土资源局发布多条征地公告，拟征收竞秀区、满城区、徐水区部分农村地块用于交通运输用地或工业用地，最高补偿标准达每亩 14.33 万元。相对于全国其他地方平均补偿，雄安新区周边上述补偿是非常高的补偿金额，人们期待雄安新区的征地拆迁补偿政策含金量会更高、更人性化。关于征地拆迁的系统研究，笔者有另外专著系统论述。

（三）住房市场的共享探讨

上述河北“双翼”（即张家口崇礼和雄安新区）的事实启示我们，空置住房可政府组织盘活，也可民间组织盘活，以租代售或许是降低住房空置率、消除房地产库存症结的好方法。

1. 共享经济概念及缘由

事实上，共享经济理念早已深入人心，共享经济实践正如火如荼。例如，各种颜色共享单车在国内一、二线城市的涌现和国外大都市的投放，成为一道亮丽的风景线。共享单车影响如此之广，甚至进入 2017 年高考语文试卷。党和国家领导人也多次强调，发展共享经济，破解房地产库存难题。2015 年召开的中共十八届五中全会明确指出“创新、协调、绿色、开放、共享”五大发展理念，坚持共享发展，使全体人民在共建共享发展中有更多获得感，朝共同富裕方向稳步前进。李克强总理在 2015 年的夏季达沃斯世界经济论坛上同样强调，发展分享经济是拉动经济增长的新路子，通过分享、协作方式搞创业创新有利于拓展我国分享经济的新领域，成本低、速度快，可让更多的人参与进来。

共享经济就是“使用但不占有”“不求拥有、但求所用”，特征是大众参与、资源高效配置，这种新经济模式是供给侧结构性改革的实践，满足消费者潜在需求，是当前经济发展的新动能（马化腾等，2016）。其兴起具有两大时代背景。第一，在经济新常态背景下，某些资源处于过剩状态，故充分利用好这些过剩资源能够盘活存量资产，形成新的经济增长点，具有重大的经济效益。工业化时代造就了巨量产品和服务，但粗放式、封闭式发展方式浪费了大量人、财、物，未能在既定的资源条件下充分配置现有商品和要素。共享经济能够去库存，推进供给侧结构性改革进程。据《每日经济新闻》2017 年 3 月 20 日报道，共享单车的主要供应商中路股份、信隆健康 2016 年业绩均起死回生：前者生产量较 2016 年增加 10. 85%，销售量较 2016 年上升 12%，而公司报告期内库存比 2016 年减少 96. 24%；后者实现净利润 3101. 25 万元，较 2016 年同期增长 123. 57%。第二，当前家庭收入、财富并不均等，贫富差距过大，故缩小个人差距、缓和社会矛盾具有社会效益，使全体人民在共建共享发展中有更多获得感，增强发展动力，增进人民团结，朝着共同富裕方向稳步前进，确保如期实现全面建成小康社会的宏大目标（潘玥斐，2017）。《中国家庭金融调查报告 2014》显示，2011 年和 2013 年中国家庭财富 90 分位数分别是 10 分位数的 89 倍和 78 倍，两年的家庭收入基尼系数均高达 0. 61 。因此，当前巨大的个体经济差距是内需不足的根源，降低家庭收入、财富差距不仅是政府再分配政策的意义所在，也是跳出“中等收入陷阱”、实现经济转型和经济增长的手段。当前互联网技术日新月异，正引导巨量资金投入企业端和社会公共服务领域。综上所述，共享经济是供给侧结构性改革和互联网经济的交集，是利用互联网等新技术手段化解传统产能过剩和经济差距问题，是互联网降低供需方信息不对称和提高供需方匹配效率的过程，是旧瓶装新酒。

共享经济表现比比皆是，从滴滴到 Airbnb，“互联网+”正深度融合到各行各业，涉及农业、金融、制造业、商贸、城市管理等诸多领域，形成新经济的主要业态和形式，已经发挥越来越重要的经济和社会价值。马化腾（2016）披露，美国 2015 年分享经济总量已超过 3 万亿元，占 GDP 的 3%，我国同期的分享经济市场规模也达到 1 万亿元，占 GDP 比例达 1. 6%。

2. 住房市场与共享经济

就房地产领域而言，利用分享经济思维来化解房地产库存是可行的。

2008 年诞生的 Airbnb 瞄准城市短租市场开展服务，截止到 2017 年 7 月就拥有 160 万套房子提供给客户，覆盖全球 65000 个城市，业务遍及 191 个国家。马化腾（2016）总结 Airbnb 成功的条件包括两个：旅游业的繁荣和相关网络平台的发达。这两个条件在当前中国都没有问题，故中国市场成为近年 Airbnb 增长最快的市场。Airbnb 的成功已吸引国内短期平台的涌现，2011 年，途家、爱日租、游天下等平台建立。易观智库统计显示，到 2015 年上半年，途家交易份额占比达到 42%，小猪短租占比 7.5%，木鸟短租、游天下、蚂蚁短租等短租平台次之。从需求看，短租房价格低廉，又能带来个性化体验，相对传统酒店而言可谓物美价廉；从供给看，房产闲置严重，盘活存量房和空置房是供给侧结构性改革的应有之义。

马化腾（2016）总结两种短租运营模式可供参考：一是 C2C 的轻模式，如 Airbnb、小猪短租、游天下、蚂蚁短租、住百家等，这些平台为房东和房客搭建桥梁，主要依靠运营、收取佣金来盈利；二是 C2B2C 的重模式，如 Homeway 和途家，他们通过托管、装修、管理个人或开发商的房屋来分成或从其他增值服务中得到报酬。这两种盈利模式在我国一线城市和旅游城市均已出现。如上述的崇礼城东富裕家庭更多将空置房托管，在有人打理房屋的同时还能获取不错的回报。在雄安新区，一个房地产创新办法是，在政府提供保障性住房前提下，以租代售，将户籍和各种福利相分离，在降低房价、盘活存量房资源的同时，促进中高端人才的自由流动和合理配置。2017 年 7 月，广州市政府敢为天下先，在全国率先公布了《加快发展住房租赁市场的工作方案》，保障租购同权，鼓励发展现代住房租赁产业，大胆地打破学区房制度藩篱，值得雄安新区进一步借鉴。

随着分享经济监管理念的更新、征信制度的不断完善和网络基础设施能力的更新换代，我国分享经济大有作为。就住房市场而言，短租业务会多样化发展，从当前的旅游和度假向异地求职、就医迈进，相信会有越来越多的社会成员参与并受益。

第四章 城市社区质量对住房价格的影响[①]

一、引言

随着社会经济的发展与人们生活质量的提高，公众和学者对居住环境的改善越来越关注。环境、资源价值能够通过市场体系中生产者收入的变化和消费者效用的改变，以及各种商品和服务的价格表现出来（白露，2004)，美国著名的环境经济学家 Freeman 将其定义为环境变化带来的间接市场价值。间接市场价值显著为正说明某种居住环境指标正受到人们的青睐，会让当地居民的生活更加和谐；相反，如果间接市场价值显著为负，则说明这种居住环境指标会给人们的生活带来明显不便。本章以住房作为间接市场价值判断的载体，来评估我国当今社区层面的人力资本、社会资本和文化资本等社区质量的建设成效，同时揭示社区房价（或房租）上涨的部分原因。

住房属于一种异质性的大宗耐用商品，除了房屋本身结构特征外，周围社区环境的不同也会造成住房价值的很大差异（Jim 和 Chen，2007）。

① 邓国营，柴国俊，邓富民. 住房价值与社区质量——基于城镇住户微观数据的实证研究［J］. 财贸经济，2011（9）：99-106.

这种将不同属性资本化到房价的模型被称为特征价格模型或享受定价模型（Hedonic Pricing Model，HPM）。由于简洁、易操作，此模型已被国外作为评估住房价格的常用工具，而我国现行采用不同时期平均销售价格编制的房价指数视住房为同质品，无法分离房价上涨究竟是由社区质量（Neighborhood Quality）等改善还是由供需关系所导致（陈杰，2005），但基于HPM 计算的特征价格指数能够固定房屋所在社区质量等属性的变化，较真实地反映由供需引起的房价上涨部分，这种方法显然能够为监管层制定符合市场经济客观规律的房地产政策提供更为科学的判断依据（刘洪玉和孙峤，2006）。

目前，国内关于住房价格的研究多从宏观视角出发，但宏观加总数据的弊端受到越来越多的质疑，而采用 HPM 从微观视角出发较为严谨的实证研究并不多见，部分代表性文献从建筑学、地理学或社会学等角度分析房价的影响因素，尤其是针对社区质量如何影响住房价格的经济学类研究成果尚属空白。本章利用中国家庭健康调查（China Health and Nutrition Survey，CHNS）城镇住户微观数据，通过构建社区居委会层次的周边环境指标，采用 HPM 详细考察各类社区质量特征对房价的作用大小及影响机制。

二、文献回顾

HPM 通常被用作估计实物资产或非市场物品不同属性的市场价值。该模型建立在消费者偏好和效用理论基础上，认为商品价格的高低取决于商品各方面属性带给消费者效用或满足的大小。Rosen（1974）等将这一方法推广到房地产等耐用品定价领域。随后很多相关文献将住房属性分为三类，即区位特征、结构特征和邻里特征（Mok 等，1995；Rosiers 等，2000；Jim 和 Chen，2007）。其中，邻里特征和区位特征能够由社会互动

(Social Interaction) 理论做出一些解释。Manski (1993) 认为，近几十年非合作博弈论、家庭经济学和内生增长理论的兴起奠定了经典价格和市场理论未能解释的社会互动理论诞生的基础。在房地产研究领域，它们又被称为环境外溢效应、居住邻里效应或同伴效应，陆铭和张爽 (2007) 将它们统一纳入"非市场互动"范畴。由于概念界定及数据推断问题的困扰，实证经济学家尚很难得出科学一致的结果 (Ioannidis，2002)。Fu (2005，2008) 总结大量文献率先将当地社会互动划分为人力资本、社会资本和文化资本三类，并用来研究美国波士顿地区的住房价格及全美的同性恋问题，得出各类资本在不同地理层次对房产价值有不同程度的显著影响。这里的人力资本用来反映住户间知识、技能和信息的外溢效应，一种空间均衡机制认为，受到良好教育的人群往往相互吸引，住在一起能够获取同等的效用水平。Rauch (1993) 指出，平均人力资本属于一种公共品，人力资本高的城市房租也高。所谓社会资本，是指人们能够利用社会网络关系获得劳动市场和住房市场信息资源。边燕杰 (2004) 总结社会网络具有传递信息、沟通人情、培育信任和声望四种作用。DiPasquale 和 Glaeser (1999) 认为，由于社区质量资本化到了住房中，故自有房主身份能够增加社会资本投入从而提高房价。他们研究发现，自有房主较非自有房主更倾向于关注社区学校领导，更多参与当地选举并解决社区问题等，并且认为居住时间长短对社区质量也有影响。所谓文化资本，是指诸如风俗习惯、宗教信仰和文化传统等能够识别并认同某些社会群体的亚文化环境。例如，Mieszkowski (1973) 以及 Dubin 和 Sung (1990) 的实证结果表明，美国种族文化差异对房价有重要影响。鉴于以上研究，本章进一步将影响住房价格的邻里特征和区位特征两大外部特征统称为社区质量，与住房结构内部特征相对应，并且认为除了三种资本外，社区质量的高低还取决于当地教育、生活、通信和交通等服务设施的完备程度。按 Fu (2005，2008) 的思路，以社区居委会为基础，本章将社区质量细分为人力资本、社会资本和文化资本及其他服务设施几类分别进行考察。

近几年随着国内房地产业的快速启动，研究国内房地产问题的文献越来越多，但很大一部分是从住房市场的供求关系、房价以及住房政策（傅十和，2000；袁志刚和樊潇彦，2003）等传统角度着手，已有的采用微观计量方法的研究成果也处于引入和实验阶段。例如，Jim 和 Chen（2007）考察了 HPM 在中国应用的可行性，同时采用问卷调查数据检验了广州居民偏好和环境外溢效应对房价的影响。马思新和李昂（2005）系统介绍了 HPM 的理论基础及优、劣点。虽然徐晓军和沈新坤（2008）从社会学角度就目前城市社区是否出现居住阶层化现象与刘精明和李路路（2005）展开讨论，但他们对相关社区质量的影响因素考察严重不足。本章捕捉国内经济学领域这一被忽视而又日益重要的研究问题，参照 Fu（2005，2008）的做法，试图检验我国城镇社区各种环境特征对住房价格的影响效果，并给出相应的对比和解释。

三、计量方法及变量选取

（一）计量方法

本章将住房属性分为内部结构特征 S 和外部社区质量 N 两大类。故基本模型设定为：

$$V = f(S, N) \tag{4-1}$$

根据研究目的，我们重点考察社区质量 N 对住房价格 V 的影响，而将结构特征 S 作为控制变量。

关于特征价格函数的具体设定形式，以往判定标准有 Box-Cox 转换法（Mok 等，1995），这种方法比较简单易行的操作是对各种形式的 R^2 和 F 值进行比较。本章采用更为严谨的图示法：将残差作为纵轴、回归方程的预测值为横轴画图来考察残差的分布，如果残差比较均匀地散布在 0 的周围而没有明显的散布趋势和离群点，则说明所建回归方程比较理想，否则要做进一步诊断。比较线性、对数和半对数三种常见函数形式，我们发现半对数模型能够很好地满足要求。具体地，半对数模型的残差正态性检验偏度为0.108，峰度为0.042，大于卡方临界值的P值为0.927，因此我们不能够拒绝残差正态性的原假设。因此，特征价格函数形式可进一步设定为：

$$\ln V_{ic} = \alpha + \beta N_{c} + \gamma S_{ic} + \varepsilon_{ic} \tag{4-2}$$

其中，i表示住户个体，c表示社区，α、β和γ为待估计的系数，随机扰动项ε可能存在异方差或空间自相关问题，我们采取异方差稳健性标准差来处理相关问题。另外，住房价格或租金中位数也是常用的住房价格度量指标，我们可以类似地得到如下回归模型：

$$\ln \overline{V}_{ic} = \alpha + \beta N_{c} + \gamma S_{ic} + \varepsilon_{ic} \tag{4-3}$$

诸如家庭背景等遗漏变量容易导致内生性问题，为估计出一致且无偏的特征价格，我们拟对2004年和2006年两年构成的面板数据采用固定效应方法，模型设定为：

$$\ln V_{ict} = \alpha_{i} + \beta N_{ct} + \gamma S_{ict} + year06 + \varepsilon_{ict} \tag{4-4}$$

其中，t表示时间，$year06$控制年度外生冲击，α_i代表可能产生内生性问题的住户i不可观测的特质因素。我们采用按“住户代码+行号”聚类的Huber/White标准差估计及异方差稳健性标准差等办法来获取一致而有效的标准差。

（二）变量选取

本章将社区质量进一步细分为人力资本、社会资本和文化资本及其他服务设施几大类。具体地，人力资本反映住户间知识、技能和信息的外溢效应，其深度和广度可分别用社区平均受教育年限或高中毕业生及以上所占比重及职业多样化来衡量（Fu，2005，2007，2008）。职业多样化指标可用如下公式计算：

$$职业多样化_c = 1 - \sum_o \left(\frac{社区从业人数_{oc}}{\sum_o 社区从业人数_{oc}}\right)^2 \qquad (4-5)$$

其中，c 代表社区，o 代表职业类型，该指标介于 0 与 1 之间，数值越大表明职业越多样化。一般地，人力资本越高的社区住户间信息外溢效应越明显，从而资本化到房价中的可能性和实际比例越大，房价或房租越高。

社会资本反映人们的社会网络关系优势，依据 DiPasquale 和 Glaeser（1999）及 Fu（2005，2008）的方法，可采用自有房比重及居住一定年限住户比重来度量。按我国当前住房状况，我们可将住户自己的房屋算作自有房，包括 20 世纪 90 年代以标准价获取的部分产权房，其他来自国家的、集体的或租借私人的住房均视为非自有房。社区自有房比例越高，住户越有可能参与社区活动并解决相关问题，故对住房价格应具有正效应，但居住时间越长，住户越容易受周边传统思维影响而降低效率，时间较短则会促成更多创新（Fu，2005）。

文化资本与民族风情息息相关，我们利用民族多样化指标来度量，其计算方法与式（4-5）中的职业多样化类似，只是把公式变化为数值 1 与社区居民民族身份赫芬达尔指数的差额。少数民族比重不失为一种更为简洁的文化资本代理变量。由于语言文化的差异，多民族杂居相对不容易沟通交流，预期文化资本对住房价格会有负效应。其他服务设施则包括：各类学校等教育文化配套设施，公园、超市、医院等生活设施，网吧等通信服务，汽车站、火车站等交通设施。值得一提的是，社区周边有车站一方面表明住户出行交通便利，能够增进住房价格，但另一方面，车站的噪声和治安问题会在一定程度上影响房价或房租。由于同时存在两种效应，我们尚不能明确车站等对住房价格的作用方向。另外，是否靠近开发区（开放城市、经济特区）也可表征社区周边环境。住房建筑结构特征传统上可用住房年龄、住房建筑材料或房间数目、面积等指标衡量，但厨卫设备类型也不失为一个好的度量指标（马思新和李昂，2003）。其他控制变量还包括社区总人数或总户数、社区贫困率等。依据常理及上述分析，我们可将住房社区质量对住房价格的影响总结为表 4-1。

表 4-1　住房社区质量对住房价格的影响

人力资本	平均受教育年限或高中毕业生及以上比重	+
	职业多样化	+
社会资本	自有房率	+
	居住一定年限住户比重	?
文化资本	民族多样化或少数民族比重	-
其他服务设施	学校、医院等	+
	汽车站、火车站等	?

注：此表最后一列标明属性特征对住房价格的各种效应："+"代表正效应，"-"代表负效应，"?"代表未能判定。

四、数据

(一) 数据来源及处理过程

本章数据主要来源于美国北卡罗来纳大学人口中心公开发布的 CHNS 数据，此项调查采取省份（自治区）、市（县）和社区（居委会、村委会）分层随机抽样调查方法，从 1989 年开始分阶段跟踪调查人文、地理差异显著的部分村居 4400 余户家庭及其成员。

本章所选样本包括辽宁、黑龙江、江苏、山东、河南、湖北、湖南、广西和贵州九省份（自治区）2004 年和 2006 年城镇住户微观数据。为增加样本容量，并与现在“城镇化”提法步调一致，除了城市居民外，我们也将县城居委会住户纳入城镇住户范围。只选取2004年和2006年两年的数据，一来是鉴于这两年数据缺失现象不太严重，更为重要的是，这两年数据较新，对于社区各类资本指标的衡量更具有现实的代表性；二来是数据的收集发生在1998年住房改革之后，能够反映我国住房市场化改革后的一些信息。为使处理简洁方便，我们通过整理各个家庭户主的受教育程度、民族和职业信息，家庭收入、住房状况以及社区周边设施和服务项目等综合信息来计算本章数据部分各变量。例如，我们将社区内高中毕业及以上学历的户主占总户主比重作为人力资本深度的代理变量。再如，我们用户主的职业类型①计算社区职业多样化指标。对于“居住一定年限住户比重”的计算，我们依据问卷中调查者对“自上次调查以来是否搬过新家或装修过你的房子”的回答间接计算得来。故2006年数据估计为“居住两年及以上的住户比重”，而2004年数据为“居住四年及以上的住户比重”。认定所在社区是否有医疗机构方面，我们选取“当居委会的人需要看病时，最常去的医疗机构”是否在本社区来识别。由于交通成本这一变量缺失非常严重，本章用社区附近有无火车站或汽车站以及乘车两小时内有无开发区、开放城市或经济特区来度量住房区位特征。有研究表明，家庭厨卫设备对我国房价有重要影响（马思新和李昂，2003）。鉴于同样的数据缺失问题，我们采用“厕所类型”作为建筑结构特征的代理变量②。本章依据官方2006年人均年收入785元的贫困人口认定标准，将社区内低于这一数值的家庭列为贫困家庭，进而估算出控制变量“贫困率”。

值得注意的是，本章房价的衡量与马思新和李昂（2003）及Jim和Chen（2007）挂牌价或交易价以及Rauch（1993）的房租有所区别。

---

① CHNS数据库中的职业类型包括：高级专业技术工作者、一般专业技术工作者、管理者/行政官员/经理、办公室一般工作人员、农民、渔民、猎人、技术工人或熟练工人、非技术工人或熟练工人、军官与警官、士兵与警察、司机、服务行业人员、运动员、演员、演奏员和其他。

② CHNS调查问卷中，厕所类型包括：没有、室内冲水马桶、室内无冲水马桶、室外冲水公厕、室外非冲水公厕、开放式水泥坑、开放式土坑和其他。

CHNS 数据库只保留被调查住户现有居住条件信息，故这里不涉及商品房市场。调查问卷里有三处涉及住房价格：对非自有房主询问住房租金、对自有房主询问转租房租和直接询问住房估价。考虑到数据缺失问题，本章选择自有房主答复的住房月转租金额或非自有房主答复的住房租金作为住房价格的间接度量。自有房主主观估计的房租虽与客观缴纳的房租有很大差别，但其对自有房产价值做出主观估计本身依据的是周边环境甚至相似住房的实际租金，我们认为主观房租和客观房租有很强的正相关，这是在数据限制下能够找到的最好房价度量。整理、合并包含上述信息的原始数据并剔除缺失值，我们最终选出 2006（2004）年 874（469）户家庭 66（36）个社区，形成横截面数据和非平衡面板数据样本以便实证研究。

（二）数据描述性统计

表 4-2 以 2006 年为例，列出主要变量描述性统计特征。由表 4-2 可初步看出，我国目前房租总体处于较低水平，但个体相差甚大，最高月租达到 8000 元。社区质量方面，平均受教育年限较低，尚未达到高中毕业水准，个体差异也很大。自有房率已显著提升，达到 78%，租住比约为 3∶10，高于美国社区自有房率平均水平 65%，居住年限依然普遍很长，同一社区居住两年以上的住户占到 95%。民族多样化水平较低，少数民族占比 12%，说明大部分还是以汉族为主，但标准差较大，符合我国少数民族“大杂居、小聚居”的特点。城镇中教育、生活服务设施较为齐全，尤其托幼机构和医疗机构比重较大。社区中拥有汽车站的比重较高，约为 77%。厕所种类符合常理，室内马桶使用普遍，间接说明城镇住房条件较好。城镇贫困率符合近些年 6%~8%的官方估计，但各地各社区相差很大。此外，“是否是经济开发区”这一变量，样本显示超过 50%，说明经济开发区有越来越广的发展趋势。

表 4-2 社区质量影响房价的主要变量描述性统计特征

变量	均值	标准差	最小值	最大值
房租	402. 94	476. 39	6	8000
平均受教育年限	8. 66	2. 80	2. 79	14
高中毕业生及以上比重	0. 48	0. 26	0. 10	1
职业多样化	0. 91	0. 10	0. 58	1
居住一定年限住户比重	0. 95	0. 06	0. 79	1
自有房率	0. 78	0. 21	0. 05	1
民族多样化	0. 08	0. 16	0	0. 67
少数民族比重	0. 12	0. 26	0	1
网吧	0. 84	0. 37	0	1
托幼机构	0. 36	0. 48	0	1
中小学	0. 41	0. 49	0	1
超市	0. 20	0. 40	0	1
公园	0. 38	0. 49	0	1
医疗机构	0. 54	0. 50	0	1
汽车站	0. 77	0. 42	0	1
火车站	0. 29	0. 45	0	1
经济开发区	0. 58	0. 49	0	1
交通成本	7. 62	3. 87	1	12
厕所种类	1. 76	1. 52	0	8
贫困率	0. 06	0. 08	0	0. 55
社区总户数	1926. 72	1331. 87	140	4935

五、结果分析

（一）横截面数据结果

表 4-3 为式（4-2）的回归结果。其中，为检验结果的稳健性，在第一列基础上，第二列将“平均受教育年限”替换为“高中毕业生及以上比

重”，将“民族多样化”替换为“少数民族比重”，再做回归，第三列加入“汽车站”进行回归。正如预期，无论从哪一列来看，表征人力资本深度和广度的“平均受教育年限”及“职业多样化”两指标系数都非常显著，表明人力资本溢出效应明显能够提升社区住房价格。具体地，平均受教育年限每增加一年，房价上涨约 0.049%（$=e^{0.048}-1$），远低于美国 0.1%~0.2%的经验事实（Rauch，1993）。民族多样化衡量的文化资本对住房价格具有显著负效应，说明民族文化影响较为深和广，或者可能源于民族歧视。但通过比较汉族住户和少数民族住户的房价均值可发现，前者甚至比后者还要高出 132.26（=419.13-286.87）元，故我们排除了民族歧视的推测，只认为民族认同感能够影响社区质量进而影响房价。社会资本变量“自有房率”显著为正，与发达国家经验事实一致（DiPasquale 和 Glaeser，1999；Fu，2005），但“居住一定年限住户比重”符号为负，虽然并不显著。可能的解释为，与发达国家成熟的市场机制和城市秩序相比，我国当前正处于经济体制转型期和快速城镇化进程中，住房来源复杂、城镇流动人口多、社区落成时间较短，这些因素势必会影响社区文化和治安状况，进而影响房价。此外，其他社区质量指标中，托幼机构与医院具有较为显著的正效果，这与已有研究结论相似（Jim 和 Chen，2007）。相反，网吧、汽车站和火车站对房价均有负效果，可能由于这些设施往来人员复杂，社区治安较差和噪声污染比较严重，进而会对房价产生负面影响。

表 4-3　社区质量影响房价的横截面数据回归结果

解释变量	回归 1	回归 2	回归 3
平均受教育年限	0.048**	—	0.050***
	1.801***		(0.0192)
职业多样化	1.801***	1.221***	1.878***
	(0.399)	(0.404)	(0.409)

续表

解释变量	回归 1	回归 2	回归 3
居住一定年限住户比重	-0. 607 (0. 646)	-0. 068 (0. 655)	-0. 619 (0. 644)
自有房率	0. 992 *** (0. 284)	1. 026 *** (0. 287)	1. 002 *** (0. 282)
民族多样化	-1. 342 *** (0. 279)	—	-1. 353 *** (0. 279)
网吧	-0. 498 *** (0. 101)	-0. 373 *** (0. 105)	-0. 505 *** (0. 102)
托幼机构	0. 195 ** (0. 095)	0. 219 ** (0. 103)	0. 193 ** (0. 095)
医疗机构	0. 311 *** (0. 076)	0. 259 *** (0. 079)	0. 321 *** (0. 077)
火车站	-0. 249 *** (0. 066)	-0. 339 *** (0. 072)	-0. 234 *** (0. 068)
高中毕业生及以上比重	—	0. 406 ** (0. 184)	—
少数民族比重	—	-0. 469 ** (0. 188)	—
汽车站	—	—	-0. 067 (0. 094)
样本量	874	874	874
R^2	0. 336	0. 319	0. 337

注：被解释变量为“房租的自然对数形式”。各列括号里的数是异方差稳健性标准差。上标 *、** 和 *** 分别表示在 10%、5%和 1%统计水平上显著。各列均控制了省份固定效应、厕所类型、贫困率和社区总户数。为节约篇幅，略去其他控制变量的结果。

（二）稳健性检验

一些文献常用社区房租中位数来衡量住房价格（Fu，2005）。这里也以社区居委会为单位，因变量采用房租中位数，按照式（4-3）回归结果列为表4-4第二列。除系数稍有变动外，结果基本同表4-3结论一致。现实中，“气味”相投或相近的人往往容易聚在一起居住。而“气味”这些隐性偏好并不容易觉察或度量，很可能是受某个体特有的因素吸引。如果我们只利用可观测的数据反过来研究这种社会现象就会产生遗漏变量问题（Manski，1993）。同时，人们往往根据自己的知识教育层次、家庭收入和职业自动分层居住在城市内特定区域（刘精明和李路路，2005；徐晓军和沈新坤，2008），所以这些变量很可能成为结构内生的（Rosiers等，2000）。另外，度量社区质量的各代理变量的测量误差也很容易导致OLS估计的系数出现偏差和不一致。为此，我们将2004年数据合并到2006年数据中组成非平衡面板数据，采用式（4-4）的固定效应方法进一步实证检验。表4-4第三列采用混合横截面数据回归（Pooled OLS），第四列采取式（4-4）固定效应方法回归。可明显看出，不论哪一列，较表4-3系数变化并不是很大，说明除了个体特征遗漏变量外，其他类型的内生性问题不是很严重。我们认为，利用面板数据固定效应方法基本可以消除可能存在的某些样本选择问题。有研究表明，虽然目前国内出现贫富分区居住现象，但由于阶层意识与文化和社区文化远未重叠，社区阶层化现象尚未出现（徐晓军和沈新坤，2008），这也能够从社会资本抑制房价方面得到部分解释。同横截面数据结果相比，平均受教育年限外溢效应下降为0.07左右，但“居住一定年限住户比重”变得非常显著，说明社会资本还是会对房价有影响，只是并不稳健。

表 4-4 社区质量影响房价的稳健性检验回归结果

解释变量	回归 1	回归 2	回归 3
平均受教育年限	0.056***	0.032***	0.0267*
	(0.015)	(0.015)	(0.016)
职业多样化	1.744***	0.855***	0.858***
	(0.261)	(0.225)	(0.231)
居住一定年限住户比重	-0.740	-0.987***	-1.093***
	(0.460)	(0.249)	(0.277)
自有房率	1.335***	0.756***	0.746***
	(0.249)	(0.175)	(0.184)
民族多样化	-1.467***	-0.783***	-0.759***
	(0.164)	(0.187)	(0.195)
网吧	-0.584***	-0.309***	-0.321***
	(0.081)	(0.074)	(0.073)
托幼机构	0.264***	0.200***	0.208***
	(0.068)	(0.062)	(0.063)
医疗机构	0.477***	0.102*	0.113**
	(0.056)	(0.055)	(0.056)
火车站	-0.237***	-0.378***	-0.373***
	(0.047)	(0.053)	(0.056)
样本量	874	1343	1343
R^2	0.487	0.336	0.337

注：前一列被解释变量为“中位房租的自然对数形式”，后两列为“房租的自然对数形式”。第三列还按“住户代码+行号”聚类的 Huber/White 标准差估计并控制了年度固定效应 *year*06。其余同表 4-3。

六、小结

本章利用 2004 年和 2006 年 CHNS 城镇住户调查的微观数据，通过构建社区层次的社会环境资本及其他服务设施，采用 HPM 实证探究社区质量如何影响当地住房价格上涨。横截面数据回归结果表明，人力资本和文化资本对社区房价或房租影响显著，而社会资本尚有待进一步研究。为解决可能存在的内生性问题，我们用固定效应方法回归这两年构成的面板数据，得出较为一致的结果，并认为目前尚未出现明显的分层居住现象。

我们给出的解释是，与发达国家相比，我国城镇住户自住房率高，但当前我国正处于经济转型期和快速城镇化阶段，流动人口多，造成社区质量未能很好地资本化到房价上。但改革开放以来，我国教育事业屡有起色，人力资本外溢效应明显，能够抬高房价。由于受民族语言文化的影响，文化资本仍会降低社区质量进而抑制房价。这些结论也与发达国家的一致。进一步来看，尽管自有房率较高，居住时间相对较长，但社区文化和阶层文化尚未重叠，人们并未达到自主选择分层居住来获取同等效用水平的阶段，故国内城镇居民居住分层效应（Sorting Effect）尚不明显。

在政策层面上，本章认为，既然文化资本会造成房价相对较低，政府部门要改善他们的居住条件可以有意识地规划城镇少数民族聚居区域，进一步加强“小聚居”趋势。除了一如既往地扶持各类教育事业的发展外，适度控制城镇化进程，加强城镇流动人员管理，将有利于城镇和谐社区的建设。从回归模型 R^2 来看，调查地区至少 32%的房价上涨归因于社区质量等因素的完善和提升，剩下 50%以上的房价上涨原因则是由供需及其他因素引起的。住房价格适度上涨体现出周边环境的改善，符合特征定价的原理，能够促进当地经济的繁荣，但若大大超过老百姓住房购买能力那就是产业结构失调和房地产市场泡沫的问题了，政府要消除其中过多的未能被 HPM 解释的部分。

第五章　城市家庭财富不平等对房价上涨的影响

一、文献与假说

不平等是社会永恒的主题。大量事实表明，20 世纪除了两次世界大战外，收入差距和财富差距不断扩大（Piketty，2014；托马斯·皮凯蒂，2014；Saez 等，2016；Saez，2017）。收入分配的一种度量方法是，收入最高的 20%的人群的平均收入和收入最低的 20%的人群的平均收入相除，《中国家庭金融调查报告 2014》显示，该比值 2011 年和 2013 年在家庭层面分别是 15.5、15.4，两年的家庭收入基尼系数均高达 0.61，财富差距更大。最新的研究表明，改革开放以来，中国最高 10%的收入占比逐年上升，如图 5-1 所示，2015 年达到 41.4%（远高于国家统计局公布的 31%），接近同期美国的 47%；中国最高 10%的财富占比表现出同样的趋势，图 5-2 显示，同美国一样，该群体近年来财富占比均超过 65%，但当前中国经济不平等的程度总体处于欧洲和美国之间（Piketty 等，2017）。

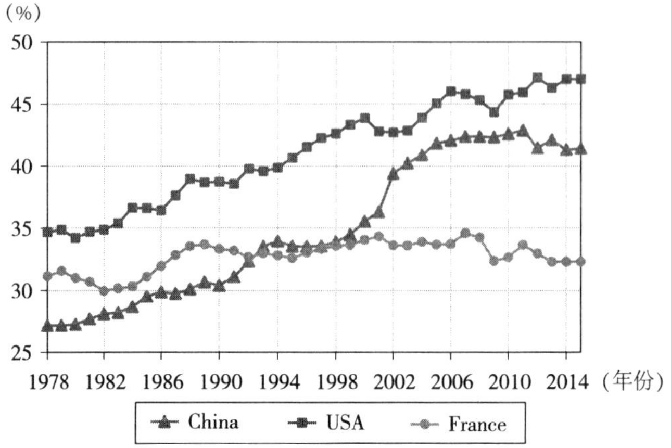

图 5-1　中国与发达国家 10%以上收入份额时间演变对比

资料来源：摘自 Piketty 等（2017）图 21。

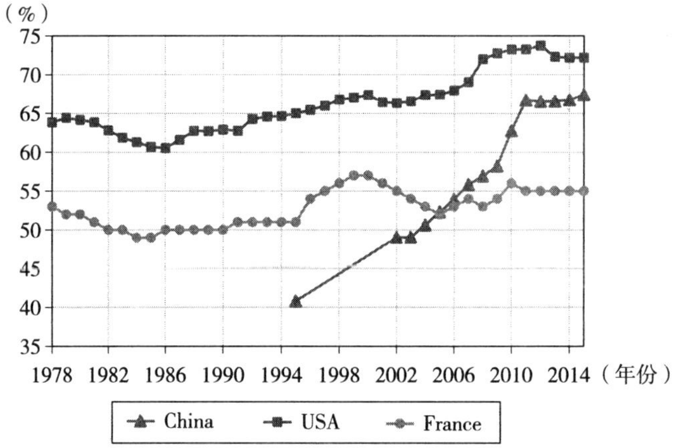

图 5-2　中国与发达国家 10%以上财富份额时间演变对比

资料来源：摘自 Piketty 等（2017）图 28。

巨量的收入差距和财富差距会带来社会不稳定。2015 年诺贝尔经济学奖得主 Angus Stewart Deaton 曾长期研究收入不平等与人们健康的关系，指出二者虽然不存在直接关系，但存在非线性收入效应、信贷约束和营养陷阱等间接途径，故财富再分配政策仍然值得关注（Deaton，2003）。

一方面，有文献阐释住房多寡如何影响到家庭财富多寡。陈小亮和陈彦斌（2014）指出，由于实体经济发展不足和投资渠道匮乏，导致富人投资房产，穷人房产获得有限，故解决城镇家庭房产持有不平等问题，能够缩小贫富差距。陈彦斌和邱哲圣（2011）从理论上阐明高房价对中国城镇居民储蓄率和财产不平等的影响，认为高房价扭曲了中低收入阶层的投资和储蓄行为。赵西亮等（2013）基于中国家庭收入调查（Chinese Household Income Project，CHIP）2002 年和 2007 年数据研究发现，中国当前的房价上涨并没有导致家庭储蓄率的上升，相反，房价上涨导致家庭储蓄率下降。

另一方面，大量新闻报道则从相反的方向指出，当前贫富差距过大，直接导致房价上涨，甚至出现房地产泡沫。[①] 例如，著名经济学家茅于轼多次撰文认为，中国高经济增长由高投资推动，而高投资由高储蓄支撑，在缺乏投资渠道情况下，富人大量购入房产，投资投机行为愈演愈烈，扭曲了住房市场需求，故只有纠正贫富差距，才能安全地解决房地产泡沫。侯为民和孙咏梅（2014）总结，我国房产泡沫的重要原因包括居民收入差距过大、货币信贷过松等。胡晓（2010）、李善燊和沈悦（2012）的研究结论很相似，认为收入差距的扩大能够推动住房价格的快速上涨，是房价飙升的重要影响因素。

本章利用 CHFS 2011 年数据，实证阐述城市房价上涨和家庭经济如何互动，这里的家庭经济包括家庭收入、财富、消费等方面，验证城市家庭财富不平等对房价上涨的影响。

总结上述两方面文献，本章分别概况为如下两个假说做实证检验。

假说 1：房价上涨会导致收入差距或财富差距。

假说 2：收入差距或财富差距会导致房价上涨。

---

① 茅于轼．贫富差距是导致房地产泡沫的主要原因．http：//news. xinhuanet. com/house/2005-09/19/content_ 3512169. htm；茅于轼．过大的收入差距是房地产泡沫的一个主要原因．http：//blog. caijing. com. cn/topic_ article-151258-3928. shtml；徐滇庆．房价问题的要害在于贫富差距．http：//finance. jrj. com. cn/opinion/2012/09/12074314379494. shtml.

二、数据与方法

（一）数据说明

本章节数据主要来自 CHFS。如前所述，本调查由西南财经大学中国家庭金融调查与研究中心推动，每两年进行一次全国性入户调查访问，旨在收集家庭金融微观层面的信息。调查的主要内容包括：住房资产和金融财富、负债和信贷约束、收入、消费、社会保障与保险、代际转移支付、人口特征和就业以及支付习惯等，目的是为学术研究和政府决策提供家庭金融方面的基础数据库。2011 年第一轮调查样本分布在全国 25 个省（自治区、直辖市）、80 个县（区、县级市）、320 个村（居）委会，总共成功收集 8437 个样本。

根据《中国家庭金融报告 2012》抽样方案的描述，当年初级抽样单元（PSU）为全国除西藏、新疆、内蒙古和港澳台地区以外的 2585 个区县，首先，分十层随机抽样，每层抽 8 个区县。其次，在抽中的区县中，按照非农人口比重分配村（居）委会样本并抽取，并且保证每个区县抽取的村委会和居委会和为 4。最后，在每个抽中的村（居）委会中，CHFS 项目组还根据村（居）委会房价信息对高房价地区进行重点抽样，使富人抽中的概率增大，但事后给出权重调整，以便每户抽中概率相同。通过以上三阶段 PPS 抽样设计，最终在每个村（居）委会抽得 20~50 户家庭进行实地计算机辅助面访（Computer Assisted Personal Interviewing，CAPI）调查。科学的抽样方法和事中事后的质量控制，保证了该大型调查的数据可靠性。目前为止，CHFS 已联合中国人民银行进行过 2011 年、2013 年、2015 年三轮调查，2017 年正准备进行第四轮调查。据了解，该调查中心推动的这一项目已成为西南财经大学“985 平台”的重要组成部分和品牌活动，其提供的数据和发布的报告已经产生良好的学术价值和社会效益。目前，西南财经大学中国家庭金融调查与研究中心积极参与中国重大政策问题的研究与讨论，在房地产市场调控、收入分配与经济转型、城镇化等主体上均有深入的探究。

本章节主要基于CHFS第一轮数据，调查年月是2011年7~8月。鉴于研究对象，这里主要考察城市居民，划分城市与农村的标准是当年适用的国家统计局城乡划分代码。

（二）计量方法及变量介绍

为实证检验上述两个理论假说，本节分别采取不同的计量模型。

1. Heckman两步法基础上的Neumark分解

本章财富决定模型借鉴传统的工资决定模型，如下所示：

$$\ln w_{ij} = X_{ij}'\beta_j + \varepsilon_{ij} \tag{5-1}$$

其中，$\ln w_{ij}$代表家庭i在行业j的财富对数值，$j=h$，l，分别代表高、低财富的行业，X是影响家庭财富的变量向量，如家庭收入、户主受教育程度及年龄等，ε是随机扰动项。

为了测度解释部分及不可解释部分的大小，可以将高、低财富的行业的差额均值分解为：

$$\overline{\ln w_h} - \overline{\ln w_l} = \bar{X}_h'\hat{\beta}_h - \bar{X}_l'\hat{\beta}_l = (\bar{X}_h' - \bar{X}_l')\hat{\beta}_l + \bar{X}_h'(\hat{\beta}_h - \hat{\beta}_l) \tag{5-2}$$

式（5-2）即为Oaxaca（1973）分解模型。等号右边第一项表示由诸如受教育程度等个人和家庭特征造成的财富差异，可以认为是市场机制发挥作用产生的可解释特征部分；第二项是由非市场因素引起的特征回报率差异，可以看作不同行业的进入壁垒、制度安排甚至行业本身分割导致的不可解释部分。不同于Oaxaca的低财富选择基准，Blinder（1973）选取高财富行业为基准进行行业分解。因此，这种将某种差异区分为特征部分与分割部分的计量模型通为Blinder-Oaxaca分解模型。

选择基准不同，即所谓的“指数基准”（Index Number）不同，Blinder

和 Oaxaca 分解结果就会出现差异。由此，跟随者尝试利用各种权重来计算无分割状态下的收入或财富结构，即 $\beta^* = \Omega\hat{\beta}_h + (1-\Omega)\hat{\beta}_l$。例如，Cotton（1988）选取不同群体在市场上的比例给系数分配权重。而 Neumark（1988）则采取混合样本和子样本的回归系数来构造权重，即 $\Omega = (X'X)^{-1}(X_h'X_h)$，$X$、$X_h$ 分别表示混合样本、高财富行业样本的控制变量矩阵。国内学者基本上采用 Blinder-Oaxaca 分解法，但郭继强和陆利丽（2009）认为，Neumark 分解包含更多的样本信息，可以提高实证分析的可靠性并超越传统分割估计区间，与其他分解方法相比具有优越性。[①] 鉴于此，本章选取 Neumark 分解方法考察高低财富行业的差异问题。引入市场分割后，不同财富行业的收入都会偏离无分割的工资结构 β^*，表现为高财富行业收入上升和低财富行业收入下降。故财富差异可进一步分解为如下三部分：

$$(\overline{\ln w_h} - \overline{\ln w_l}) = (\bar{X}_h' - \bar{X}_l')\beta^* + [\bar{X}_h'(\hat{\beta}_h - \beta^*) + \bar{X}_l'(\beta^* - \hat{\beta}_l)] \tag{5-3}$$

值得注意的是，对不同行业的收入方程估计可能会存在自选择问题（Dickens 和 Lang，1985）。也就是说，不同的家庭进入哪个行业工作并非是完全随机的，而是往往与其个体特征、家庭背景、社会关系等方面相关，这些因素会使得选择方程的随机项与工资方程的随机项之间发生相关性，从而导致 OLS 估计结果的不一致和偏误。故实证回归必须对自选择问题进行预处理，以纠正估计偏差。当选择类型只有两种时，通常应用 Heckman（1979）的方法或者内生转换回归模型（Dickens 和 Lang，1985）来纠正这种选择性偏差。本章采用 Heckman 两步法。先考虑如下选择方程：

$$S_i = 1[Z_i'\gamma + u_i > 0] \tag{5-4}$$

其中，Z_i 为影响个体 i 进入不同收入行业的因素，如家庭背景因素。

① 关于工资分解的具体细节及其在大学毕业生市场的应用，可参照柴国俊（2012）。

假定 u_i 和式(5-1)中的 ε 服从联合正态分布 N(0, 0, 1, σ_ε^2, ρ)。当 $S_i=1$ 时，i 进入高收入行业，$S_i=0$ 则进入低收入行业。加入逆米尔斯比(inverse Mills ratio)，即选择偏差修正项 λ 后的财富方程可以表示为：

$$\ln w_{ij} = X_{ij}'\beta_j + \theta_j\lambda_j + v_{ij},\ j=h,\ l,\ \lambda_h = \frac{\phi(Z_i'\gamma)}{\Phi(Z_i'\gamma)},\ \lambda_l = \frac{-\phi(Z_i'\gamma)}{1-\Phi(Z_i'\gamma)} \tag{5-5}$$

其中，$\theta_j=\rho\sigma_{\varepsilon j}$，其表示 u_i 与 ε_i 的协方差，v_{ij} 是条件均值为 0 的新残差项。考虑自选择偏差的均值分解种类很多（Neuman 和 Oaxaca，2004），这里选用最常见的形式，将考虑自选择问题后的 Neumark 分解修正为：

$$(\overline{\ln w_h} - \overline{\ln w_l}) - (\hat{\theta}_h\overline{\lambda}_h - \hat{\theta}_l\overline{\lambda}_l) = (\overline{X}_h' - \overline{X}_l')\beta^* + [\overline{X}_h'(\hat{\beta}_h - \beta^*) + \overline{X}_l'(\beta^* - \hat{\beta}_l)] \tag{5-6}$$

等式左边表示提供的财富差异（Offered Wealth Differential）对数形式，即扣除选择性偏差后的净财富差异，其中第一个括号内为实际的财富差异(Actual Wealth Differential)。右边第一项仍是特征部分，第二项为分割部分，分别是可解释部分和不可解释部分。

我们对高低财富行业的差距做 Heckman 两步法后的 Neumark 分解，若发现差距绝大多数归结为不可解释的分割部分，并在去除家庭房产财富后差距及不可解释部分减小，或在去除家庭金融财富后差距及不可解释部分显著增加，则认为财富差距由住房因素导致。否则，需要寻求其他理论解释。

2. 基尼系数对房价上涨量的 OLS 回归

实证检验第二个假说需要做基尼系数对房价上涨量的 OLS 回归，如式（5-7）所示：

$$\ln GAIN_i = \alpha \cdot gini_i + Z_i'\beta + \varepsilon_i \tag{5-7}$$

其中，*GAIN* 代表住房市值减除历史成本的房价上涨量（或称住房增值、资本利得），*gini* 衡量收入或财富差距，采用 Jin 等（2011）的做法，用同一社区（或区县）内户主年龄上下 10 岁家庭的基尼系数表示。*gini* 变

量的系数 α 能够测度基尼系数影响房价上涨的方向和大小。

三、实证分析

（一）描述性统计

以下介绍本章实证研究的主要变量统计特征，如表 5-1 所示。CHFS 2011 年城市子样本数据显示，家庭收入 *hhinc* 平均达到 15 万元之多，家庭财富为 21 万元，即使去除金融财富仍高达 12 万元，家庭收入和财富标准差较大的事实表明家庭之间的经济状况波动很大，启示当前贫富差距不容忽视。将高于平均财富的行业设定为高财富行业，低于平均财富的行业设定为低财富行业，按照财富高低划分的高财富行业虚拟变量 *ishighwealth* 均值是 0.357，标准差是 0.479，表明近 36%的行业属于高财富水平，但家庭差异非常大。家庭户主特征包括年龄 *headage*、性别 *gender*、婚姻状况 *married*、受教育年限 *eduyear*，家庭特征包括家庭总人数 *familyno*、家庭风险程度 *risklevel*，这些变量特征均符合经济学直觉。房价上涨量 *gain* 平均约为 68 万元，但波动较大，甚至出现最小值 84.85 的情况，这表明城市住房总体是增值的，即当前住房价格远远大于历史成本价。各类基尼系数的特征是，家庭收入基尼系数 *inc_gini* 均值小于财富基尼系数 *wealth_gini*，去除住房财富或金融财富后的财富基尼系数 *wealth_nh_gini*、*wealth_nf_gini* 均值小于家庭总体财富的基尼系数。

表 5-1　城市家庭主要变量描述性统计

变量	样本数	变量描述	均值	标准差	最小值	最大值
hhinc	3896	家庭收入，百万元	0.159	0.267	0.000	0.970
wealth	3367	家庭财富，千万元	0.021	0.104	-0.299	1.616

续表

变量	样本数	变量描述	均值	标准差	最小值	最大值
wealth_nh	3367	去除住房财富的家庭财富，千万元	0.025	0.104	-0.299	1.632
wealth_nf	3367	去除金融财富的家庭财富，千万元	0.012	0.097	-0.300	1.601
ishighwealth	3896	高财富行业虚拟变量	0.357	0.479	0	1
headage	3896	户主年龄	49.453	14.942	16	99
gender	3896	户主性别，1 为男	1.358	0.479	1	2
married	3896	户主结婚状态，1 为结婚	0.842	0.365	0	1
eduyear	3896	户主受教育年限	11.546	4.183	0.5	22
familyno	3896	家庭总人数	3.035	1.268	1	13
risklevel	3895	风险度量，值越小，越偏爱风险	3.786	1.314	1	9
gain	3831	房价上涨量，万元	68.059	122.096	-84.850	1195.000
inc_gini	3896	家庭收入基尼系数	0.481	0.192	0	0.865
wealth_gini	3887	家庭财富基尼系数	0.514	0.191	0	0.873
wealth_nh_gini	3893	去除住房财富的家庭财富基尼系数	0.527	0.189	0	0.878
wealth_nf_gini	3875	去除金融财富的家庭财富基尼系数	0.554	0.208	0	0.916

（二）回归检验

本章首先分别回归高财富行业的财富决定方程和低财富行业的财富决定方程（5-1），然后考虑自选择问题，并通过 Neumark 分解方法，利用方程（5-6）区分为可以解释部分和不可解释部分。将城市家庭收入或财富差距的 Neumark 分解结果列为表 5-2 上部分。不难看出，城市家庭收入差距的 87%不能被上述家庭特征及户主个人特征解释，家庭财富不可解释部分仍然高达 80%。去除住房财富后，发现不可解释部分并未显著变化，去除金融财富亦变化不大。该实证回归及分解结果表明，城市家庭不同收入的行业差距及不同财富的行业差距并未受房产显著影响，另外家庭及其个人特征可解释部分相对较少，不可解释部分占比较大，这与住房财富或金融财富多寡关系不大。城市家庭去除金融财富后，财富差距变大，原因有待进一步探究。为了对照城乡家庭经济差距，这里还特别回归并分解了农村样本，见表 5-2 下部分。可以发现，城市家庭收入差距小于财富差距，农村家庭正好相反。不论城市还是农村，收入差距不可解释部分较大，去除住房或金融财富后，不可解释部分所占比重均变化不大。这些事实进一步说明，住房财富并不能显著影响家庭财富的差距，家庭及个人可解释因素有限，否定了假说 1，启示我们住房市场的进一步改革需重视关系、分割等非市场因素作用。

表 5-2　城乡家庭收入或财富差距 Neumark 分解结果

	类别	可解释部分	不可解释部分		差距
			值	%	
城市	收入	0.431	2.869	86.929	3.301
	财富	0.775	3.055	79.768	3.829
	财富（去住房财富）	0.794	3.127	79.756	3.921
	财富（去金融财富）	1.341	4.690	77.763	6.031
农村	收入	0.495	4.866	90.766	5.361
	财富	0.482	3.260	87.112	3.743
	财富（住房财富）	0.474	3.322	87.511	3.797
	财富（去金融财富）	0.480	3.510	87.979	3.990

为了进一步甄别收入或财富差距对城市住房价格上涨的影响，这里做基尼系数对房价上涨的 OLS 回归，结果如表 5-3 所示。可以发现，收入基尼系数 *inc_gini* 对城市家庭房价上涨量 *gain* 的对数的影响并不显著，但财

富基尼系数 *wealth_gini* 对房价上涨影响显著为正，在去除住房或金融财富后的正影响更大、更显著，这充分说明财富不平等明显地提升了房价上涨幅度，启示我们缩小财富不平等而非收入不平等，能够缓解房价上涨趋势，验证假说2。从控制变量来看，户主年龄非线性地影响房价上涨，男性 *gender*、结婚 *married*、受教育年限 *eduyear*、家庭人数 *familyno*、家庭收入 *hhinc*、东部地区 *east* 均显著抬高房价上涨幅度，而家庭风险厌恶程度 *risklevel* 显著降低了房价上涨幅度，符合我们的日常观察。

表 5-3 城市家庭收入或财富差距对房价上涨的影响

	(1)	(2)	(3)	(4)
inc_gini	-0.200 (0.235)	—	—	—
wealth_gini	—	0.494* (0.280)	—	—
wealth_nh_gini	—	—	0.605** (0.287)	—
wealth_nf_gini	—	—	—	0.579** (0.260)
headage	10.271*** (2.595)	8.541*** (2.532)	8.213*** (2.508)	6.798*** (2.448)
headagesq	-7.637*** (2.502)	-5.868** (2.447)	-5.541** (2.423)	-4.150* (2.355)
gender	0.213** (0.096)	0.199** (0.094)	0.195** (0.094)	0.215** (0.093)
married	0.450*** (0.165)	0.469*** (0.164)	0.467*** (0.163)	0.454*** (0.164)
eduyear	0.600*** (0.169)	0.571*** (0.165)	0.569*** (0.165)	0.522*** (0.162)

续表

	(1)	(2)	(3)	(4)
familyno	0.153***	0.164***	0.165***	0.164***
	(0.039)	(0.040)	(0.040)	(0.040)
risklevel	−0.121***	−0.124***	−0.123***	−0.127***
	(0.038)	(0.038)	(0.038)	(0.038)
hhinc	0.874***	0.870***	0.863***	0.881***
	(0.180)	(0.180)	(0.180)	(0.180)
east	1.270***	1.209***	1.211***	1.180***
	(0.118)	(0.124)	(0.122)	(0.125)
mid	−0.011	−0.095	−0.088	−0.122
	(0.103)	(0.106)	(0.104)	(0.106)
常数项	−2.314***	−2.201***	−2.192***	−1.768**
	(0.747)	(0.731)	(0.730)	(0.719)
样本数	3793	3786	3791	3774
R^2	0.215	0.217	0.218	0.216

注：各列因变量为“房价上涨量+1”的自然对数，各列括号里的数是其对应的稳健性标准误。考虑到数量级，这里 *eduyear* 除以 10，*headage* 除以 100，*headagesq* 除以 1 万，*hhinc* 除以 100 万，*wealth*、*wealth_ nh*、*wealth_ nf* 除以 1000 万。上标 *、** 和 *** 分别表示在 10%、5%和 1%统计水平上显著。

四、小结与启示

住房价格上涨可能带来家庭财富增加，扩大城市家庭内部财富差距，甚至提升差距的非市场因素比重，故缓解家庭财富差距预期能够降低房价上涨幅度。本章同样基于 CHFS 2011 年数据，实证研究考察房价上涨同家庭经济（包括收入和财富）的互动关系。结果发现，家庭财富差距的不可解释部分较大，但不能用住房财富或金融财富解释；家庭财富差距会导致房价上涨，但收入差距影响不显著。

该实证结果至少给我们提供了两点启示：第一，城市家庭财富差距过大，高达80%的部分不能用市场因素解释，故进一步厘清商品房和保障性住房类别，让市场在商品房配置中作用更大，分门别类地推进住房市场化进程更为关键。第二，家庭财富差距而非收入差距能够抬高房价，启示相关部门应更理性地关注家庭财富差距演变，公布财富差距相关指标并做好预防和治理工作同样是调控住房市场的有效手段。

第六章　房价上涨对城市家庭消费的影响[①]

目前我国改革面临两大难题：家庭财产分布严重不均衡和居民消费率长期偏低（甘犁等，2012）。二者并存对构建和谐社会显然不利，增进财产平等性、拉动内需已成为当务之急。中共十八大报告和国务院收入分配制度改革意见均明确指出，要多渠道增加居民财产性收入，牢牢把握扩大内需战略基点，加快建立扩大消费需求长效机制，以全面建成小康社会。本章从家庭层面考察财产、消费等关系，能够兼顾“分配不均”“内需不足”两个领域的现实热点，具有重要的现实针对性。

自1998年我国福利分房制度终结以来，部分家庭以低于市场价的折扣优先购得政府或单位公房（Sato，2006；Wang，2012；何晓斌和夏凡，2012）。由于房产是家庭财富的重要组成部分[②]，上述行为会拉大不同群体的财产性收入或房产资本利得（Housing Capital Gain）的差距，住房增值对家庭消费的财富冲击逐渐明显。事实上，《中国家庭金融调查报告2012》显示，无论农村还是城市，家庭住房收益均非常高。仔细探讨住房价格上涨影响家庭消费的大小和途径，不仅能够为扩大消费能力、调控房产市场、缓解社会矛盾等决策提供参考价值和现实指导，也可以在理论上检验

① 柴国俊，尹志超. 住房增值对异质性家庭的消费影响：CHFS证据［J］. 中国经济问题，2013（6）：67-76.

② 调查表明，房屋作为耐用品和不动产，占据中、美家庭总财富比重分别高达60%（Blow和Nesheim，2010）和62%（甘犁等，2012）。

预防性储蓄、信贷约束等假说在我国房产领域的适用性，拓展转型期居民消费研究的新视角。

国际上有大量文献利用宏观时间序列数据（Bhatia，1972；Phang，2004；Case 等，2005；Aron 等，2006；Chen，2006；Sousa，2008）做实证检验，大多印证了住房财富效应在各个国家和地区的广泛存在①。随着国外家庭金融基础数据的收集和公开，越来越多的微观实证研究受到重视并很好地解释了住房涨价或增值对家庭消费的作用机制。具体地，部分文献指出房地产财富对居民消费有显著的促进作用以及纯财富效应（Gan，2010）、信贷约束放松（Campbell 和 Cocco，2007；Munnell 和 Soto，2008；Gan，2010；Wang，2012）或预防性储蓄降低（Campbell 和 Cocco，2007；Gan，2010）等影响途径；部分研究则发现房价的变动对家庭消费的影响存在很强的异质性，年轻人与老年人群体更加敏感（Li 和 Yao，2007；Campbell 和 Cocco，2007；Calcagno 等，2009；Mian 和 Sufi，2011）。目前房产消费领域的宏观数据分析由于缺乏微观机理和异质性而倍受质疑（Campbell 和 Cocco，2007），国内大多研究使用宏观数据，如杜莉等（2010）、严金海和丰雷（2012）。王重润和张超（2013）曾就“房价波动及其宏观经济效应”主题做系统理论和实证研究。他们总结，由于我国房地产市场发育不充分，政府监管和法律规范不完善，房地产市场存在过度投机现象，再加上房地产金融市场不发达，如住房金融工具不先进、住房抵押贷款限制较多，我国房地产的财富效应势必和西方国家的财富效应研究结果不同。这里住房抵押贷款方面的不同之处包括：第一，住房抵押贷款的市场规模不同；第二，住房权益变现工具不同；第三，贷款首付比我国较高；第四，消费观念中西方差距较大。他们基于莫迪利安尼生命周期理论、弗里德曼持久收入理论以及霍尔和费莱文的 LCH-PIH 理论，利用 1999~2012 年宏观层面的动态面板数据重新考察我国的房地产财富效应发现，短期内房价和股价波动均会正向偏离均衡水平，各地区股票财富效应

① 一个例外是，Phang（2004）发现，新加坡房价上涨对总消费无财富效应。

小于房地产财富效应，2008 年全球金融危机后房价波动的短期影响比金融危机前更明显，但房价长期影响减弱了，股价长期影响增强了。

相对而言，同类微观研究则凤毛麟角。代表性的实证文献包括：尹志超和甘犁（2009）曾通过 CHNS 发现受益于住房改革的家庭消费更多耐用品，黄静和屠梅增（2009）利用同样数据得出房地产财富对居民消费有显著促进作用同时各群体反应不同，谢洁玉等（2012）通过城镇住户调查（Urban Household Survey，UHS）数据发现房价对未婚男子家庭消费抑制作用明显，最近陈训波和周伟（2013）使用中国家庭动态跟踪调查（Chinese Family Panel Studies，CFPS）数据得出金融财富效应大于房地产财富效应。上述房产财富对家庭消费影响的文献较好地提供了本章研究的基础，然而影响机制单一性和以往数据局限性①会对分析结论和政策含义造成一定影响。

CHFS 填补了国内家庭微观经济活动领域的数据空白，囊括普通家庭的资产、负债、收入和支出及家庭成员的大量基本信息，符合分层随机原则和重点抽样（Oversampling）做法，较宏观加总数据具有异质性，能够很好地支持本章做深入细致的经验研究。基于这一数据，纯财富效应、信贷约束放松或预防性储蓄降低等作用机制能够采用合适的计量技术得到实证检验。当然，我国消费不足现实和解释本身吸引大量实证研究，并用预防性储蓄做出说明（白重恩等，2012；雷震和张安全，2013）。

本章的创新和贡献主要表现在两个方面。第一，选题视角具有交叉性。如前所述，分配不均和内需不足在我国转型时期尤为突出，且相互联系。本研究结合这两方面热点和文献，就住房价格上涨对异质性家庭情形下消费支出的影响做微观分析，试图为缓解分配不均等社会矛盾、扩大家庭消费的决策制定提供参考思路。第二，所用数据具有独特性。本章基于

① 如 CHNS 缺乏家庭非耐用品消费的直接度量，且抽样非随机，而 UHS 虽有全国代表性，但无资产负债详尽信息，故结果准确性受到质疑。更详细的文献述评可见第二部分。

CHFS 获得基础数据。这是国内首个具有全国代表性的家庭金融调查数据，微观个体异质性特征明显，对研究家庭财产分配和消费支出拥有无可比拟的优势。

本章余下部分是这样安排的：第一部分进一步梳理文献并提炼假说，第二部分介绍数据、计量方法和变量，第三部分为描述性统计和计量回归检验，第四部分给出本章结论及其政策含义。

一、文献与假说

所谓财富效应（Wealth Effect），是指资产价值的变化对人们消费需求的影响（伊特韦尔等，1996）。关于房产财富对消费的影响的理论基础是持久收入假说（Case 等，2005）①，即认为财富冲击对家庭平均消费支出影响不大。如 Engelhardt（1996）曾较早指出持久收入或生命周期假说适用的苛刻假定，并实证分析美国的收入动态面板调查（Panel Study of Income Dynamics，PSID）数据发现，当房产增值时家庭消费行为维持不变，但房产贬值时居民消费显著下降，故呈现出储蓄非对称现象。国内的陈彦斌和邱哲圣（2011）曾构建一个包含房价高速增长、住房需求内生和生命周期特征的 Bewley 模型来研究高房价对中国城镇居民储蓄率和财产不平等的理论影响。然而，大量实证研究发现，与持久收入假说推断相反，房产财富冲击影响消费程度不容忽视，存在消费过度敏感（Excess Sensitivity）现象，并归结为预防性储蓄（Bhatia，1972）和信贷约束②（Campbell 和 Cocco，2007；Wang，2012）等作用机制。例如，Wang（2012）利用 CHNS

① 最近 Liao 等（2014）从理论上指出房产财富和风险厌恶程度负相关，并利用美国 CEX 数据做了实证检验。

② “信贷约束”与“流动性约束”类似而又有区别。前者侧重资金可获得性，后者强调转换能力。本章暂不关注这种微妙区别，将金融市场不完全导致的个体参与经济活动的金融抑制现象统称为信贷约束。

研究表明，房价上涨家庭均可通过资本化为生产性资产等途径来缓解信贷约束。进一步地，有学者指出纯财富效应（Pure Wealth Effect）是单独由终生资源的变化带来的消费影响（Gan，2010），与上述两种影响渠道有所区别。综上，以往实证研究或者单独探究预防性储蓄或信贷约束影响，或者笼统考察房产财富效应，导致房地产财富对消费影响结果不一，尚存在进一步厘清多种作用机制的余地。与本章最相关的文献是Gan（2010）。她利用1988~2004年中国香港地区住房抵押贷款和信用卡消费等数据，考察房产财富对其家庭消费影响大小和作用机制后得出，住房的纯财富效应的确存在，信贷约束和预防性储蓄则分别对能够再融资和无法再融资家庭消费作用敏感。本章利用我国最新的家庭数据考察总的财富效应，并分步检验纯财富效应、信贷约束放松或预防性储蓄三种假说，期待发现同发达经济体相对照的经验证据，同时分析事实背后异同原因。

直觉及文献（Gan，2010）告诉我们，房价上涨对单套住房家庭几乎无益处，而多套住房的家庭则可以凭借现住房以外的房产变现获益，故检验纯财富效应可自然归结为：

假说1：若存在房产纯财富效应，则拥有多套住房的家庭比单套住房家庭消费更敏感。

信贷约束和预防性储蓄假说不容易鉴别。一般认为，房价上涨能够放松家庭借贷约束进而通过再融资来增加消费支出，故再融资家庭信贷约束影响明显，不可再融资家庭预防性储蓄作用敏感。住户能否从金融市场低成本地获取住房增值各种抵押贷款是放松的信贷约束发挥担保效果的重要方面。由于我国再融资市场较为滞后，本章仅讨论不能再融资家庭的消费情形。

依据Gan（2010）等文献，信贷约束通常还可以用贷款房价比（Loan to Value Ratio，LTV）或抵押贷款可承受力（Mortgage Affordability）来衡量，或用住房银行贷款申请状态来表示。住房举债（Housing Leverage）高低和房产贷款难易程度能够反映出某个家庭信贷约束松紧。那些举债率高或贷款难的家庭不可能有足够多的预防性储蓄，故当房价上涨时他们一般不会消费更多。反之，如若那些信贷约束较紧的家庭在房价上涨时会消费更多，则信贷约束在起作用。我们将这一推断总结为如下假说。

假说2：若信贷约束起作用，则住房负债越多的家庭对房产增值越敏感。

当然，如若家庭举债率越低或申请住房贷款越容易的家庭消费越大，就只能用预防性储蓄来解释了。预防性储蓄是人们为应对未来不确定性而增加的储蓄，预防性储蓄理论成为阐释房价增值的重要依据。[①] 当存在资本利得时，有较少举债或贷款困难的家庭会相对减少预防性储蓄从而增加消费支出。Bhatia（1972）较早探讨住房资本利得对加总消费的影响，并利用预防性储蓄来做解释。还有一些研究证实，将近退休的家庭的消费规律符合持久收入假说推断，而年轻家庭消费行为更像一个缓冲存量参与人（Buffer-stock Agent），即希望消费更多日后资源但同时持有一些流动资产以备劳动收入波动（Gourinchas 和 Parker，2002）。[②] 另外 Gan（2010）指出，当人们感到无须存钱时可能增加外出就餐等开支，故容易推断出房产增值对诸如外出就餐或娱乐等自由支配的花销（Discretionary Spending）影响更为敏感。因此，我们将检验预防性储蓄假说的这些简易做法总结为如下假说。

假说3：若年轻家庭较年老家庭在房产增值时消费更多，则下降的预防性储蓄动机在起作用；住房负债率越低或者自由支配的花销对房产增值越敏感，这类家庭预防性储蓄动机越强。

---

① 此外有文献指出，我国消费不足现实也可用预防性储蓄理论做出解释（白重恩等，2012；雷震和张安全，2013）。

② 也有一些研究得出不同的结论。如 Li 和 Yao（2007）同时考虑住房作为消费品和投资品的特质探讨住房对家庭生命周期消费的影响，发现住房价格的上涨只增进了老年人的福利，其原因在于年轻群体在房价上涨后需要支付更高的住房成本。Calcagno 等（2009）、杜莉等（2010）也推断出类似的观点。

二、数据、模型与变量

(一) 数据说明

CHFS 数据的获取为开展此课题研究奠定了坚实的实证基础。家庭金融是继资产定价、公司金融之后的现代金融学第三大分支（Campbell，2006），在西方国家很受重视，如美国消费者金融调查（Survey of Consumer Finance，SCF）、欧洲家庭金融和消费调查（Household Finance and Consumption Survey，HFCS）、英国金融研究调查（Finance Research Survey，FRS）、意大利家庭收入和财富调查（Survey of Household Income and Wealth，SHIW）等都在积极开展这方面的调查研究工作。最近，国内学者开始关注家庭金融领域，具体可参考王江等（2010）的文献综述。这是由于考察家庭金融不仅能够厘清家庭资产配置是否符合传统金融理论的假说和推理，还对我国转型经济决策及市场分析有着重要的实践指导意义。CHFS① 由中国人民银行同西南财经大学合作发起，旨在全国范围内收集有关家庭资产、负债、收入和支出等方面的微观信息，以促进我国对家庭的经济行为和社会行为、国家在金融领域的宏观调控等基础认识与科学研究。分别按照人均 GDP、非农人口比重对区县及村（居）委会两次分层 PPS 抽样，并按村（居）委会平均房价高低进一步重点抽样家庭户之后，该项目于 2011 年 7~8 月顺利进行第一轮入户 CAPI 调查，走访全国 25 个省（自治区、直辖市）、80 个区县、320 个村（居）委会，共获得 8437 户有效数据。分阶段分层 PPS 抽样并按实际抽样事后给出概率权重，通过这种科学抽样和质量控制得到的一手基础性调查为本章统计分析财富冲击问

① 主要结果可参照甘犁等（2013），更多信息可参考《中国家庭金融调查报告 2012》，或其官方网站 http：//chfs. swufe. edu. cn。

题做了很好的数据铺垫。相对于宏观统计数据或商业数据，上述微观调查数据能够阐述清楚房价上涨对家庭消费支出作用的微观机理，考察对象随机性强，得出结论令人更为信服。去除异常值和严重缺失值并限定城市户口家庭后，我们得到3000余个样本做如下实证研究。

（二）计量方法及变量介绍

利用上述微观数据能够估测不同类型的家庭关于房价上涨影响消费的大小和途径，检验财富效应机制和信贷约束理论，并评估房产调控政策的有效性。

依据传统持久收入理论，基准计量模型设定为：

$$c = f(GAIN,\ Z) \tag{6-1}$$

被解释变量 c 代表家庭消费，实际上是非耐用品消费，依据文献，本章暂不考察属性不同的耐用品。CHFS 将家庭消费分为按月支出的经常性消费和按年支出的非经常性消费两大类，前者包括伙食费、住房租金、水电等费用、日常用品支出、家政服务费、本地交通费、汽车租金支出、通信费和文化娱乐支出，后者包括衣着饰品支出、住房修扩支出、暖气费支出、家庭耐用品支出、奢侈品支出、教育培训支出、家用交通工具支出、旅游探亲支出、医疗保健支出。与以往文献（Campbell 和 Cocco，2007；Gan，2010）保持一致，我们在经常性消费和非经常性消费总和基础上进一步去除住房修扩支出、家庭耐用品支出、家用交通工具支出，得到非耐用品消费。*GAIN* 代表住房市值减除历史成本的房价上涨幅度（或称住房增值、资本利得），预期会对家庭造成财富冲击。由于我国缺乏类似美国商业研究者协会办公室（ACCRA）的全国各地各年份生活成本指数及基层CPI，上述增值无法进行平减，暂为名义增值量。*Z* 表示控制变量，包括受访者家庭收入、家庭规模、房子所在地区类型、拥有常见车辆数等家庭背景信息，户主年龄、户主学历等重要家庭成员信息，以及东中西地区变量。其中，家庭收入包括家庭成员的工资性收入总和、经营性收入、投资性收入和转移性收入等，房子所在地区类型分为大城市市区、大城市郊区、大城镇、小城镇、农村/乡镇。

$$\ln c_i = \alpha \cdot \ln GAIN_i + Z_i'\beta + \varepsilon_i \tag{6-2}$$

实证分析具体模型为式（6-2）。α 即为感兴趣的房产增值的边际消费倾向（*MPC*），也可解释为弹性，ε 是随机扰动项。值得注意的是，这里可能无法控制不可观测的因素，如各调查村居或家庭的个体特征，其若被遗漏在随机项里或同时影响房价上涨和消费，则会产生内生性问题。由于缺乏适宜的工具变量，本章尽管利用住房改革的“自然实验”并会做大量稳健性检验，但分析结果仍需谨慎理解。数据处理细节方面，非耐用品消费、房价上涨和家庭收入等在取自然对数时均事前加上 1 以便在减缓分布偏态同时不舍弃零值样本。本章还将房价下跌的样本（不足 1%）重新赋值为 0 以增加有效样本。为避免受异常值的影响，以下分析中截除全部样本家庭收入首尾 5%的个体。

宏观加总数据会抵消个体异质性，总体回归也无法鉴别房产增值影响消费的各种渠道。微观调查数据则相对具有异质特征，对式（6-2）进行分样本或添加交叉项回归，并对比 *MPC* 大小和显著程度，即可实证检验上述理论假说。具体度量方面，信贷约束指标“贷款房价比”用所有住房抵押贷款占所有当初房产价值的比重来计算，另一指标“抵押贷款可承受力”用全部剩余的房产借贷余额占家庭总收入比重来衡量。信贷约束还可以用问卷中“住房银行贷款申请状态”（1. 不需要；2. 需要，但没有申请；3. 申请过被拒绝；4. 曾经有贷款，现已经还清）来表示。其中，状态 1 定义为贷款容易，状态 2 或状态 3 定义为贷款困难。自由支配的花销包括外出伙食费和文化娱乐支出，非耐用品消费其余部分为非自由支配的花销。

三、实证分析

本节首先给出上述模型关键变量的描述性统计特征，然后介绍计量回归结果。

（一）描述性统计

表 6-1 列出家庭经济差距影响房价上涨的主要变量的描述性统计特征。数据显示，家庭非耐用品消费及自由支配花销波动较大，前者均值、中位数分别为 43638 元、34500 元，后者分别为 470. 5 元、100 元。家庭总收入均值达到 15 万元以上，同时收入差距很大，最少的仅 200 元。住房增值量十分可观，但标准差也非常大，甚至有市值低于成本价的亏损的情形（已赋值为 0）。信贷约束变量如贷款房价比、抵押贷款可承受力的均值较为合理，但标准差也很大。总之，上述变量描绘了我国转型时期普通家庭收支、借贷变化剧烈的情形，也反映出微观数据的异质性特征。

表 6-1 家庭经济差距影响房价上涨的主要变量描述性统计

变量	观测值	平均值	标准差	中位数	最小值	最大值
非耐用品消费	3819	43638	36932	34500	1771	1324900
自由支配的花销	3881	470. 5	1322	100	0	100400
家庭收入	3890	156732	265079	50000	200	968523
房价上涨量	3873	67. 99	121. 8	19	0	1195
贷款房价比	2468	0. 240	1. 050	0	0	38. 46
抵押贷款可承受力	2653	1. 100	18. 17	0	0	650

为了直观地感受城市家庭房价上涨带来的资本利得大小，表 6-2 汇报了平均意义上前三套住房增值收益率的对比结果。这里住房套数按其获得

时间早晚排序，即第一套为家庭获得最早的住房，据调查年份平均 12.722 年，正好处于福利分房前后，但不一定是调查时受访者首先报告的那一套。可以得出结论，住房改革以来城市居民的住房名义增值收益非常可观，第一套到第三套住房净收益率中位数分别达到 300%、118.8% 和 100%，平均值甚至更高。①

表 6-2　城市家庭前三套住房增值收益率对比

		1	2	3
收益率（%）	平均值	15.436	9.802	8.452
	中位数	3	1.188	1
距 2011 年年数		12.722	6.449	4.736
观测值		3125	597	88

注：住房套数 1、2、3 按其获得时间早晚排序。这里收益率是整数，如 3 表示 300%。

（二）回归检验

本小节依次检验第二部分提出的三个假说，首先考察总财富效应大小，并检验纯财富效应假说。表 6-3 前两列显示总财富效应结果，后三列验证纯财富效应。第（1）列使用全部样本，回归结果表明房价上涨对家庭消费影响显著为正，系数 0.07 即为房产增值的边际消费倾向。具体经济含义为，家庭房产增值 10%，其消费支出就增加 0.7%，小于 Gan（2010）的研究结果 1.7%，也不同于美国结果 0.142（Engelhardt，1996）②。第（2）列仅考察房价上涨低于其均值的家庭，对比发现，这些家庭住房增值的边际消费倾向明显低于全部样本。表 6-3 前两列总体表明，城市房价上

① 值得注意的是，由于数据处理方法不同，这里城市家庭住房收益率高低与《中国家庭金融调查报告 2012》及甘犁等（2013）相关数字不尽相同，但不会影响总体结论。

② Engelhardt（1996）考察房产增值对积极储蓄而非消费的影响，且利用线性回归非双对数回归方法，故系数方向正好相反但大小不可直接相比。

涨的家庭消费更多，未享受或享受较小的家庭消费较少。为验证纯财富效应，我们对比第（3）列~第（4）列发现，两套及以上住房的家庭对住房增值的反应比一套住房的反应更为强烈，表明纯财富效应较为明显，与假说 1 的预测相符。为了进一步检验纯财富效应的显著性，第（5）列加入“住房是否多套”虚拟变量以及与房价上涨量的交叉项。不难发现，交叉项结果不太显著，可能与以下分析的信贷约束有关，但系数方向比较合理，总体较好地验证住房纯财富效应的存在性。此外，无论哪一列，家庭收入变量系数均非常显著，与以往收入影响消费的文献结论相符。拥有常见车辆数、家庭规模、户主学历等控制变量均与现实观察一致，不再赘述。

表 6-3　总财富效应及纯财富效应对家庭消费的影响检验

变量	(1)	(2)	(3)	(4)	(5)
	全部样本	增值较低家庭	一套房家庭	多套房家庭	全部样本
房价上涨量	0.070*** (0.009)	0.037*** (0.011)	0.108*** (0.015)	0.117*** (0.026)	0.108*** (0.015)
交叉项	—	—	—	—	0.009 (0.030)
住房是否多套	—	—	—	—	0.380 (0.255)
家庭收入	0.098*** (0.011)	0.097*** (0.012)	0.104*** (0.012)	0.066*** (0.017)	0.104*** (0.012)
房子所在地区类型	-0.058*** (0.011)	-0.047*** (0.012)	-0.044*** (0.013)	-0.067*** (0.021)	-0.044*** (0.013)
拥有常见车辆数	0.285*** (0.027)	0.321*** (0.039)	0.323*** (0.036)	0.245*** (0.034)	0.323*** (0.036)
家庭规模	0.102*** (0.011)	0.105*** (0.013)	0.113*** (0.013)	0.055*** (0.020)	0.113*** (0.013)

续表

变量	(1)	(2)	(3)	(4)	(5)
	全部样本	增值较低家庭	一套房家庭	多套房家庭	全部样本
户主年龄	-0.005***	-0.004***	-0.004***	-0.003	-0.004***
	(0.001)	(0.001)	(0.001)	(0.002)	(0.001)
户主学历	0.086***	0.096***	0.076***	0.079***	0.076***
	(0.009)	(0.010)	(0.011)	(0.015)	(0.011)
东部地区	0.149***	0.125***	0.043	0.068	0.043
	(0.046)	(0.048)	(0.055)	(0.081)	(0.055)
中部地区	-0.032	-0.027	-0.026	-0.093	-0.026
	(0.045)	(0.047)	(0.051)	(0.089)	(0.051)
常数项	9.321***	9.273***	9.164***	9.544***	9.164***
	(0.115)	(0.132)	(0.145)	(0.211)	(0.145)
观测数	3733	2959	2669	606	3275
R^2	0.509	0.383	0.479	0.551	0.530

注：各列被解释变量均为家庭非耐用品消费，括号里的数是异方差稳健性标准差。上标 * 、** 和 *** 分别表示在10%、5%和1%统计水平上显著。第（5）列还控制“住房是否多套”与各控制变量交叉项。地区参照组为西部地区。

接下来我们检验信贷约束假说是否能够解释当前住房资本利得对家庭消费的影响。表 6-4 前两列是贷款房价比回归结果，中间两列是抵押贷款可承受力，最后两列为住房银行贷款申请情况。前四列均根据对应平均值各自划分为高、低两类，即高于“贷款房价比”“抵押贷款可承受力”平均值的样本归为高类型，低于平均值的样本归为低类型。最后两列则根据住房银行贷款申请状态分为难、易两类，具体说明可见上述计量方法及变量介绍部分。结果表明，无论是比较贷款房价比或抵押贷款可承受力高低，还是对照住房银行贷款申请难易程度，经验事实均与高负债家庭反应较强且显著的推断相违背，即表明信贷约束假说不能成立。这与国内以往研究（杜莉等，2010；严金海和丰雷，2012；谢洁玉等，2012）说法相类似。相反，表6-4各列的举债较小或贷款较容易的家庭消费更多的事实表明，预防性储蓄假说很可能是我国房价上涨影响家庭消费的作用渠道。

表6-4 信贷约束对家庭消费的影响检验

变量	(1)	(2)	(3)	(4)	(5)	(6)
	贷款房价比		抵押贷款可承受力		住房银行贷款申请	
	高	低	高	低	难	易
房价上涨量	0.039***	0.127***	0.038***	0.127***	0.090**	0.137***
	(0.013)	(0.014)	(0.012)	(0.015)	(0.038)	(0.018)
观测数	1189	2544	1385	2348	388	1650
R^2	0.459	0.538	0.458	0.539	0.398	0.516

注：各列被解释变量均为家庭非耐用品消费，括号里的数是异方差稳健性标准差。上标*、**和***分别表示在10%、5%和1%统计水平上显著。前四列均根据对应平均值各自划分为高、低两类，最后两列根据住房银行贷款申请状态分为难、易两类。各列均控制受访者家庭收入、房子所在地区类型、拥有常见车辆数、家庭规模、户主年龄、户主学历和东中西地区等。

为进一步验证这一结论，我们继续分样本鉴别预防性储蓄假说，表6-5汇报了实证检验结果。Gourinchas 和 Parker（2002）及 Campbell 和 Cocco（2007）曾指出，家庭属于年轻还是年老分界点为户主是否满40岁。依据我国年龄结构及数据特点，年老家庭偏多，均值超过50岁，这里界定年龄为55岁，即55岁以下为年轻家庭。由于年老人具有保险或遗产动机使得问题分析起来较复杂（Engelhardt，1996；Li 和 Yao，2007；Gan，2010），这里还将年老家庭上限划定到65岁。前两列结果表明，年轻家庭比年老家庭消费更多，更具有缓冲预防性储蓄动机；后两列的自由支配花销系数0.154远大于非自由支配花销系数0.07，更进一步印证了预防性储蓄假说的适用性。为排除信贷约束差异的影响，我们还对不同年龄段的住房举债指标进行t检验。如抵押贷款可承受力差额 t 值为-0.895，表明年轻家庭和年老家庭信贷约束差距较小，只能从预防性储蓄角度解释消费差距。

表 6-5　预防性储蓄对家庭消费的影响检验

变量	(1)	(2)	(3)	(4)
房价上涨量	0.075***	0.071***	0.154***	0.070***
	(0.011)	(0.016)	(0.027)	(0.005)
观测数	2377	735	3708	3708
R^2	0.475	0.448	0.290	0.507

注：第（1）列为年轻家庭，第（2）列为年老家庭，前两列采用 OLS，后两列采用类似不相关回归（SUR）方法。前两列被解释变量为家庭非耐用品消费，第（3）列为家庭可自由支配花销，第（4）列为家庭非自由支配花销。括号里的数是异方差稳健性标准差。上标 *、** 和 *** 分别表示在 10%、5%和 1%统计水平上显著。各列均控制受访者家庭收入、房子所在地区类型、拥有常见车辆数、家庭规模、户主年龄、户主学历和东中西地区等。

四、小结与启示

住房价格上涨对不同类型的家庭影响迥异，本章利用 CHFS 2011 年数据考察近些年房价上涨影响家庭消费支出的大小和作用渠道。本章的基本观点和结论是，城市房价上涨的家庭消费更多，未享受或享受较小的家庭消费更小。就作用渠道总体而言，实证结果验证了纯财富效应和预防性储蓄假说，否定了信贷约束解释在房产市场的适用性。具体地，拥有多套住房的家庭比单套住房家庭消费更多，证明存在房产纯财富效应；信贷约束越大，家庭消费对房产增值越不敏感，否定了信贷约束假说解释力；举债较小或贷款较为容易的家庭就住房增值对家庭消费影响更大，年轻家庭较年老家庭消费更多，自由支配花销影响也远大于非自由支配花销，揭示预防性储蓄动机。

对比 Gan（2010）等同类研究，本章实证结果表现出与中国香港等经济体既相同又有区别的特征。例如，房价上涨对家庭消费均存在纯财富效应和预防性储蓄作用，但信贷约束影响截然相反。造成上述异同的原因包括两个方面。第一，中国内地同中国香港等国家和地区的市场经济发育差异所致。中国内地转型时期特殊国情及信用经济的不完善，势必会表现出与中国香港不同的信贷约束事实，如内地房产再融资实践的不规范在一定程度上会影响享受房产增值的家庭的再抵押等信贷行为。第二，这与研究所用数据和变量度量有关。本章数据只选取一年，而 Gan（2010）为面板数据；本章房价上涨为名义财富增量，更类似 Engelhardt（1996）的度量，Gan（2010）则采用实际财富存量等。尽管如此，本章验证的房产纯财富效应和预防性储蓄假说显示出房产财富对消费影响机制的普遍性。

上述结论具有直观的政策启示。首先，扩大内需要区别对待不同类型的家庭，如年轻家庭或年老家庭，以缓解社会矛盾。若某些政府只“一刀切”盲目扩大内需可能顾及不到弱势群体利益而事与愿违，故日后依据不同家庭购买能力来拉动消费更为有效。其次，关注预防性储蓄、发育金融市场是提升家庭消费水平的有力途径。预防性储蓄是人们为应对不确定性而增加的储蓄，房产增值仅会相对激发年轻家庭的消费潜力和诸如外出就餐或娱乐等自由支配花销的若干事实，提醒决策部门势必去除普通家庭的养老、医疗（白重恩等，2012）、住房等社会保障的后顾之忧才能扩大消费。再次，信贷约束的放松有待于我国金融工具的发育和规范，只有深化发展再融资市场才能将住房资本利得转化为有效的消费能力。最后，适时征收财产税，以缓解房产不平等状况，是进一步扩大整个社会家庭消费能力的长久之计。房产分配不均与消费能力有限问题息息相关。2012 年 12 月初发布的《中国家庭收入不平等报告》指出，我国 2010 年家庭基尼系数高达 0.61，当前居民消费率低的一个重要原因是收入差距乃至财产差距过大。房产占据家庭资产相当大比重，故房产异质性造成家庭消费支出的异质性。本章实证进一步表明，房产越多的情况下，住房资本利得越多，其消费也越多，未享受房价上涨或享受较小的家庭其消费较少。这一结论明确显示，住房存量多寡导致的纯财富效应已经成为当前影响家庭消费能力的重要因素，故政府推进财产税征收并做好转移支付工作势在必行。

第七章　城市住房治理Ⅰ：开征房产税①

一、引言

21世纪以来，我国房地产市场得到快速发展，结果造成房价居高不下、住房空置现象严重，同时过度依靠土地出让金运转的“土地财政”行为盛行。为此，中央政府多次出台限购、限价、限贷等房地产宏观调控政策，其中包括探讨已久的房产税试点。房产税的初衷就是增加住房持有成本，抑制房地产投机活动，理顺地方财政来源。2011年1月27日，上海市政府发布《上海市开展对部分个人住房征收房产税试点的暂行办法》的通知。同一时间，重庆市政府也出台《重庆市人民政府关于进行对部分个人住房征收房产税改革试点的暂行办法》和《重庆市个人住房房产税征收管理实施细则》。次日起，上海市和重庆市正式启动对个人住房征收房产税的试点工作，将房产税改革从“空转”推进到“实转”阶段。

历史上，我国地方政府已开征各类基于房地产的税收，包括（以往）房产税、城镇土地使用税、契税、土地增值税和耕地占用税，但这些税收

① 柴国俊，王希岩．开征房产税能够降低房价并替代土地财政吗？［J］．河北经贸大学学报，2017（6）：55-62.

一来比重小，二来征收对象主要是企业而非居民（除了契税），三来基本属于交易环节税收。本次房产税试点方向就是从企业到家庭、从开发和销售环节到保有环节。[①] 其直接效果是，将一次性土地出让金支付转变为"分期付款"，从而规避买房者和开发商对金融系统的不稳定风险并抑制房地产市场投机性行为（田国强，2011）。这种购房"门票"价格下降的间接影响包括，降低劳动力流动的门槛并改善社会公平，以及鼓励地方政府重视民生和公共投资的长期效益（符育明，2010）。到目前五年多的时间过去了，人们不禁要问："这次房产税改革的实际效果如何？房产税的开征能够抑制高昂的房价、替代不可持续的'土地财政'吗？"

事实上，学术界一直不乏有关房产税政策效果的探讨，基本认为上述问题的答案是肯定的，甚至乐观地推断房产税会形成地方政府新的财源（韦志超和易纲，2006；Bai 等，2014）。然而，当我们对比两试点城市房产税政策细则后很快发现，沪渝在征税对象、税率、税基和起征点方面或多或少存在差别。例如在征税对象上，上海只针对增量房征收，凡本地户籍居民在本市新购第二套及以上住房，非户籍居民新购第一套及以上住房征收房产税。重庆的房产税不仅面向新购住房，还针对主城区的存量独栋住宅进行征收。因此，尽管以往文献丰富了大家对房产税政策效应的认识，但基于非试点真实数据且笼统地讨论政策效果所得结论可能会出现偏差，也鲜有研究同时考察住房市场和土地市场的互动。

本章的贡献在于，视角上较早利用真实的数据检验试点城市房产税开征对住房市场和土地市场的综合经济效果，方法上双重差分和事件研究相结合不仅能够考察政策实施整体效果，还可以深入分析时间效应，具有一定的创新性。本章第二节回顾房产税相关文献研究并做政策实施的理论和图形分析，第三节介绍数据来源和计量模型，描述性统计和回归分析放在第四节，最后总结本章结论和政策启示。

---

① 关于房产税的来龙去脉，可参照王希岩（2015）。

二、文献回顾及理论分析

(一) 文献回顾

一项政策或外部环境的变化对房价具有重要影响。例如，Wang 等（2011）通过分析 1998~2006 年我国 35 个大中城市数据发现，城市开放度每提升 1%，当地房价显著上涨 0.282%，城市开放度大约解释房价上涨的 15.9%。Wu 等（2015）则利用 2003~2011 年同样数据研究地方政府财政亏空对当地房价的影响，发现尽管地方亏损和土地价格正相关，但房价高企更多归因于当地收入等需求方面因素。事实上，人口、工资收入、土地供给等基本因素的变动能够解释我国绝大多数城市的房价高涨现象（Wang 和 Zhang，2014）。

早期有关房产税的影响集中在发达国家试验。① 如 Rosen（1982）通过美国加利福尼亚减税这一外生政策变化，研究发现房产税每降低 1 元，住房价值大约上升 7 元。OECD 国家住房市场的经验研究则从相反方向证实，1980~2009 年房产税对房价具有显著抑制作用，但成本不是房价的主要因素（况伟大等，2012）。Song 和 Zenou（2006）的理论模型及实证分析还表明，美国房产税的提升能够缩小城市规模从而遏制城市蔓延现象，这一结论与中国模拟结果一致（Liang，2014）。

我国属于发展中国家，早些年房产税征收范围和目标尚不完善，新一轮房产税于 2011 年刚开始改革和试点，故开征房产税有何影响仍处于数据预测或理论分析阶段。例如，2010 年在北京、上海、深圳和成都开展的一项民意调查数据显示，有 40%左右的家庭总体上支持房产税的征收，并且

① 刘洪玉（2011）就发达国家征收房产税经验做了很好的文献综述。符育明（2010b）、田国强（2011）对开征房产税给出理论和实践述评。

如果房产税的用途能够给人们带来切身福利或者符合人们的利益，赞成的人数会更多（郑思齐等，2012）。进一步来看，房产税与住房面积、所在城市均有密切联系，故兼顾住房价值的复合征收法可能更为合适（郑思齐等，2013）。

理论上讲，开征房产税能够避免各方利益扭曲并压制房价，还能解决地方政府财政收入问题（Cho 和 Choi，2014）。韦志超和易纲（2006）宏观数据测算表明，开征物业税能够形成地方财政新的税源。类似地，刘蓉等（2014）基于中国家庭金融调查微观数据测算得出，房产税征收税额能够占到地方政府财政收入的 31%，故可替代土地出让金作为新的政府财源。但也有观点认为，现行房产税短期内难以成为地方政府的主要税种（李文，2014）。

除了上述开展房产税前期调研和对财政收入影响进行测算外，还有一方面文献着重分析中国房产税征收对房价的影响。如通过对全国 35 个大中城市数据进行实证测算，有人发现在短期内供给缺乏弹性的情形下，物业税[①]的实施必然导致房价下跌（韦志超和易纲，2006）。[②] 况伟大（2009）也发现，无论是消费者还是投资者，政府实施物业税均能够有效抑制房价上涨，并用 35 个大中城市数据证实全国包括东部地区的确符合这一推断。但他根据市民调查数据，预测北京开征房产税对房价抑制影响总体有限，且因住房所有者特征而异（况伟大，2013）。也有研究将房产税和住房价格引入动态随机一般均衡模型（DSGE）框架中，通过校准和贝叶斯估计方法得出房产税实施在长期内会降低房价，还可以发挥其自动稳定器功能（骆永民和伍文中，2012）。

与本章最相关的是 Bai 等（2014）、王家庭和曹清峰（2014）以及白

---

① 文献中，物业税、房产税、房地产税、财产税等概念外延和侧重点稍有差别。简洁起见，无特别说明的情况下，本章中这几个概念所指内容一样，可以互换。

② 况伟大和马一鸣（2010）进一步从理论上推导出住房供需价格弹性与物业税开征对房价影响程度息息相关。

文周等（2016）的研究。[①] 前者利用 1998～2012 年 31 个城市的数据和 Hsiao 等（2012）方法测算发现，开征房产税能够降低上海房价 11%～15%，但增加重庆房价 10%～12%，具体还发现，重庆征收房产税的价格具有从高端房产向低端扩散的特点。然而，他们的研究依然建立在数据推算上，未能利用实际数据验证两个城市房产税试点效果。尽管王家庭和曹清峰（2014）基于 2006～2012 年 35 个大中城市数据采用 DID 方法已发现沪渝"不存在明显的政策预期效应"，白文周等（2016）利用 Hsiao 等（2012）及 CIC 方法发现房产税试点导致重庆房价下跌而上海房价上涨的结论，但遗憾的是，他们并未对征税的时间效应做细致探讨，也未能考察土地市场的互动。本章正是在上述文献基础上，深入探究开征房产税对试点城市住房市场和土地市场的经济影响。

（二）理论分析

房产税本质上是住房所有者为享受和消费各种城市公共服务所支付的费用，这构成城市政府提供宜居性特征的有效激励动机（王轶军等，2007）。公共财政理论指出，只要房产税部分资本化到房价当中，开征房产税就会降低房价。背后逻辑在于，房产税可看作附加在消费者身上的额外的使用成本，住房市场价值相当于扣除房产税后的未来若干年住房价值流量（住房服务，或房租）的折算值之和，故房产税开征或提升能够降低住房价值。现假定 P_t 是第 t 年住房价值（或价格），Y_s 是第 s 年住房价值流量，τ 为房产税率，i 为折现率，我们有以下等式成立：

$$P_t = \sum_{s=t}^{n} \frac{Y_s - \tau P_s}{(1+i)^{s-t}} \qquad (7-1)$$

因此，房产税率对住房市值的影响可以推导为负向的：

---

① 《城镇住房空置率及住房市场发展趋势 2014》曾考察沪渝房产税试点效果，认为作用有限，不足以提供地方财政。朱国钟和颜色（2013）数值模拟发现，对全国新购房征税效果最小，只会稍微降低房价，但显著抬高房租，对存量房征税将会极大地影响房价、地价和房租。

$$\frac{\partial P_t}{\partial \tau} = -\sum_{s=t}^{n} \frac{P_s}{(1+i)^{s-t}} < 0 \tag{7-2}$$

值得指出的是，这里的理论分析仅能说明房产税征收对房价的最终影响，但并未告诉我们其对住房价值的影响在时间上如何具体表现，即开征前几年是否上涨，后续影响是否减弱直至变为负向，也未能指出征税如何与土地出让金联系起来，这里借助“供求图”分析征税对住房市场和土地市场的静态影响，关于动态影响将运用事件研究的方法在实证中进一步分析。

如图 7-1 所示，开征房产税首先会抬高住房供给成本，使得住房供给曲线向上移动，在保持住房需求曲线不变的情形下，均衡房价上涨，住房均衡数量（成交量）下降；其次，均衡房价的上涨吸引土地供给增加，表现为土地供给曲线下移，在保持土地需求曲线不变的情形下，均衡地价下跌，土地均衡数量增加；最后，土地价格下降进一步引起住房价格的下跌，住房市场与土地市场相互作用，直至达到新的均衡。① 至于土地出让金收入（=土地价格×土地均衡数量）的变动，取决于土地价格下跌的程度和土地均衡数量上涨的程度对比，很大程度上属于实证的问题。

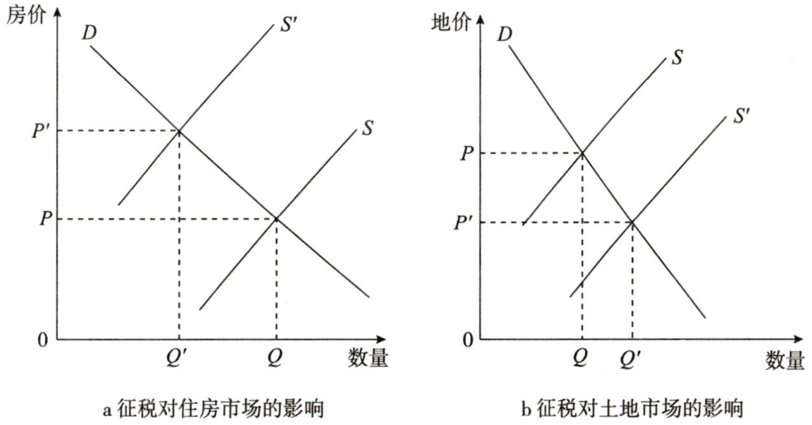

图 7-1 征税对住房市场和土地市场的短期影响的图形分析

① 这里潜在的原理是，房价决定地价，土地需求仅是住房需求的引致需求。不过，尽管地价不决定房价，但由于地价是住房成本的一部分，地价高必然会抬高房价。

综上所述，以往文献对房产税征收影响做了很好的理论分析与数据测算，为本章研究奠定了坚实的研究基础。然而囿于数据原因，研究者并未使用我国开征房产税后的真实数据分析房价和财政收入变化，也未细致分析这种影响的时间效应。本章基于搜房网等中观数据实证考察 2011 年上海、重庆两试点城市开征房产税的经济影响。

三、数据与方法

（一）数据说明

本章住房、土地市场的数据来源于搜房网中国指数研究（http：//fdc.soufun.com/creisdata/）、克而瑞信息集团（www.cric.com）和《中国房地产》杂志社三个渠道，前者是主要数据源，其他两个数据源作为补充。搜房网是全球最大的房地产家居网络平台，在中国 100 多个城市拥有分公司和办公室，于 2010 年 9 月在美国纽约证券交易所成功上市。其名下的中国指数研究院整合中国房地产指数系统、搜房研究院、中国别墅指数系统、中国房地产 TOP10 研究组等研究资源，成为我国目前最大的房地产专业研究院，具有较强的信誉度。

基于上述资料，我们整理出 2008~2013 年区级层次的住房和土地市场交易汇总数据。本章选择这一时间段是与开征房产税时点相关的。由于我国房产税试点开征时间为 2011 年初，故 2008~2010 年可界定为开征前阶段，2012~2013 年为开征后阶段。众所周知，国家选择试点城市为上海和重庆，两地均为直辖市。各自对比的城市本章选定为南京和成都。选择南京对比上海是因为两个城市均处于长三角，经济发展程度和人文环境很类似，这比以往研究选择北京对比上海更有说服力，毕竟作为首都的北京具有更多的政治性；选择成都对比重庆的理由是，两地均处于内陆地区，有着类似的巴蜀文化和现代经济基础。当然，这里不同点也是明显的，如成都和南京均不属于直辖市。我们需要检验两组城市在政策发生前是否具有类似的时间趋势。

住房市场数据包括住房单价和均衡数量，土地市场数据包括土地单价、均衡数量及土地出让金。根据征税范围，我们选择商品住宅（上海样本不含保障性住房）信息，住房单价对应“销售价格”，住房均衡数量对应“销售面积”；土地信息方面选择“土地招拍挂”的住宅用地栏目，土地单价对应“成交土地均价”，土地均衡数量对应“建设用地面积”，二者乘积为土地出让金。在稳健性检验中，本章还专门整理出上海各市区二手房和商品房数据，分别作为不受政策影响的存量房和受政策影响的增量房。[①]

此外，为控制上述四个城市的个体特征，我们还根据各城市历年统计年鉴收集了户籍城镇人口、常住城镇人口及GDP增长率等信息，与以上区级的住房市场和土地市场数据相匹配，最终构成本章实证研究的数据基础。

（二）计量模型

本章所用的主要计量方法为经典的双重差分模型：

$$\ln(Outcome_{it}) = \alpha_0 + \alpha_1 \cdot District_i + \alpha_2 \cdot Year_t + \alpha_3 \cdot Treat_i \cdot Period_t + \beta \cdot Z_{it} + \varepsilon_{it} \tag{7-3}$$

其中，i 代表某个地理单位（这里为区），t 代表某个时间点（这里为年份）。*Outcome* 代表结果变量，具体为单位房价或单位地价或均衡销售量、土地出让金。*District* 是地区固定效应，用于吸收不同区之间的结果变量变化以及空间上共同存在的因素的平均值，*Year* 则是时间固定效应，用于吸收不同年份之间的结果变量变化以及时间上共同存在的因素的平均值。*Treat* 为某地区是否受房产税政策影响的虚拟变量，1 代表受影响的实

① 由于搜房网城市模块缺乏重庆的数据，我们这里只做了上海市内的稳健性检验。

验组（Treatment Group）上海或重庆某区，0 为不受影响的控制组（Control Group）南京或成都，*Period* 为时间上房产税实施与否的虚拟变量，2011 年实施后为 1，实施前为 0，具体实施时间为 2011 年。*Treat* 和 *Period* 交叉项系数 α_3 就是我们感兴趣的系数，若其显著为负，则表明房产税实施后显著抑制房价或地价或土地出让金。*Z* 是控制变量，这里考察住房市场时主要控制户籍城镇人口/常住城镇人口的影响，以便捕捉人口流动对结果变量的影响（Wang 和 Zhang，2014）；考察土地市场时主要控制当年当地的 GDP 增长率，用于捕捉我国地方政府“政治集权、经济竞争”的治理方式对结果变量的影响。当然，这里的 *i* 还可以是楼盘项目或者街道办等单位。一个单位对应一个样本，地方越小，样本越多，上述模型的实证分析效果越好。

式（7-3）是 DID 模型的常见形式①，其成立的隐含条件是，房产税政策出台前，房价等结果变量（Outcome Variable）要保持类似的趋势，这可由事件研究方法来检验（Angrist 和 Pischke，2008），具体如式（7-4）所示：

$$\ln(Outcome_{it}) = \alpha_0 + \alpha_1 \cdot District_i + \alpha_2 \cdot Year_t + \sum_{k=-3}^{2} \delta_k \cdot Treat_i \cdot 1\{Yr_t = k\} + \beta \cdot Z_{it} + \varepsilon_{it} \tag{7-4}$$

这里 $1\{Yr_t = k\}$ 是指示变量，对应年份取值为1，否则为0。*k* 取值可以为 -3、-2、-1、0、1、2，分别对应 Yr_{2008}、Yr_{2009}、Yr_{2010}、Yr_{2011}、Yr_{2012}、Yr_{2013}，也就是说，政策推出前 *k* 年为负数，推出时的 2011 年为 0，推出后为正数。由此，我们很容易获得事件研究的估计系数 δ_k，将其描绘在图上能够直观地检验政策发生前控制组和实验组的结果变量是否具备类似的特征，同时还可以观察到房价等受房产税出台政策影响的具体时间变化趋势。

① 值得指出的是，由于同一样本不同时期可能存在序列相关性，该模型中的处理变量（Treatment Variable）的标准误可能被低估（Bertrand 等，2004；Angrist 和 Pischke，2008）。

四、实证分析

本节首先给出主要变量的描述性统计，其次是 DID 模型结果，最后做事件研究检验。

（一）描述性统计

上海、重庆两地试点房产税，势必引起房价的变化。图 7-2 直观地描绘出上海和南京以及重庆和成都的住房价格趋势对照。可以看出，在征收房产税后，上海和重庆住房价格指数分别相对南京和成都表现出不一致的变化：上海首先略有下降，接着多次相互交叉，后基本定格在较低水平；重庆首先略有上升，接着多次相互交叉。尽管存在同期其他因素的影响，这些事实仍初步反映出房产税开征对两试点城市的不同影响。

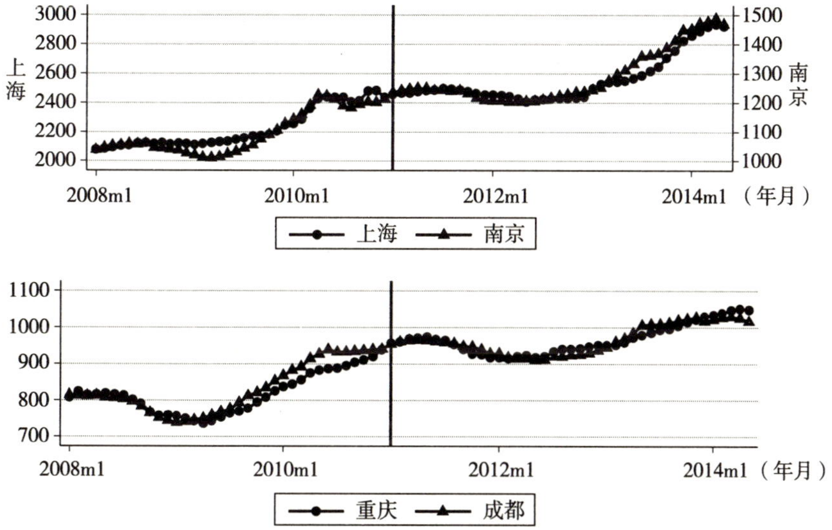

图 7-2　房产税征收前后住房价格指数变化及城市对比

注：这里的指数为中国房地产指数系统住宅指数，来自搜房网。垂直线处为 2011 年 1 月。

表 7-1 列出本章主要变量的描述性统计特征。很容易看出，不论住房市场还是土地市场，价格和均衡数量的均值及标准差都很大，均值与中位数差距较大，表明这两个市场处于急剧变化、蓬勃发展的时期。土地出让金为土地单价与土地均衡数量的乘积，亦表现出可观的政府财政收入。户籍城镇人口/常住城镇人口以及 GDP 增长率等控制变量统计特征符合日常观察。

表 7-1　房产税试点主要变量描述性统计

变量	单位	均值	中位数	标准差	最小值	最大值	样本数
住房单价	元/平方米	15431.332	9606	14751.385	2774	73479	245
住房均衡数量	万平方米	111.681	76.610	109.765	1.04	547.726	245
户籍城镇人口/常住城镇人口	—	0.725	0.724	0.103	0.598	0.926	245
土地单价	元/平方米	12162.640	7652.565	13628.511	540	91566.64	200
土地均衡数量	万平方米	60.532	43.326	70.553	0.556	630.279	200
土地出让金	百亿元	0.464	0.315	0.505	0.007	2.796	200
GDP 增长率	%	11.617	11.700	2.669	7.5	17.1	200

（二）DID 回归结果

开征房产税能否起到抑制房价、扩大地方财源的作用需要分别实证考察住房市场和土地市场。表 7-2 列出经典的双重差分模型的回归结果。我们发现，总体上看，在控制户籍城镇人口/常住城镇人口比例的前提下，开征房产税首先会提升房价、降低住房均衡数量。特别地，第一列系数 0.143 表示，相对南京或成都而言，受房产税政策影响的上海或重庆房价每平方米将上升 15.37%（$=e^{0.143}-1$），但均衡数量下降 29.30%。根据表 7-1平均房价 15431.332 元的信息，上述上涨幅度意味着住房单价增加 2371.8 元，这是较大的影响效果。具体而言，上海开征房产税对房价具有显著的正向影响，但重庆显著为负，第二、第三列系数分别对应 0. 128、-0. 109，也就是说，上海房价上涨 13. 66%（$=e^{0.128}-1$），重庆房价下降 10. 33%（$=e^{-0.109}-1$）。对于住房销售量，在上海房产税开征显著降低了均衡数量，在重庆则反过来显著提升了均衡数量。尽管我们选取非常相近的两对城市组做对比并控制各城市重要特征，但可能还存在某些不可比较异质性，这里选取同一时间段上海市区内的增量房和存量房做对比，回归结果为表 7-2 最后一列。不难看出，在同一城市内部，受政策影响的增量房和不受政策影响的存量房在住房单价方面显著为正，住房均衡数量系数虽不显著，但符号与第三列一致，显示出结果的稳健性。根据住房单价和住房均衡数量的变化，以及开征房产税后两城市住房单价和均衡数量均值，我们利用开征后试点城市住房均价×住房平均均衡数量×［1-1/（1+住房单价变化）］×［1-1/（1+住房均衡数量变化）］，能粗略计算出住房市场受房产税影响的综合效果。由此，我们估算出受房产税开征影响，总体、上海、重庆住房市场分别下降 10. 25 亿、9. 63 亿和 7. 3 亿元人民币。

表 7-2　经典 DID 回归结果

	总体	上海 vs 南京	重庆 vs 成都	上海内部
		住房单价		
交叉项	0. 143*** (0. 040)	0. 128** (0. 049)	-0. 109* (0. 065)	0. 541*** (0. 028)
户籍城镇人口/常住城镇人口	-0. 057 (0. 194)	-0. 544 (0. 873)	2. 406*** (0. 522)	—
R^2	0. 976	0. 976	0. 895	0. 889
		住房均衡数量		
交叉项	-0. 257** (0. 123)	-0. 354** (0. 174)	0. 627*** (0. 215)	-0. 185 (0. 117)
户籍城镇人口/常住城镇人口	2. 562*** (0. 610)	4. 169 (2. 991)	-3. 839** (1. 584)	—

续表

	总体	上海 vs 南京	重庆 vs 成都	上海内部
住房均衡数量				
R^2	0.905	0.892	0.891	0.815
观测值	245	150	95	190
土地单价				
交叉项	−0.334*** (0.115)	−0.756*** (0.267)	−0.095 (0.144)	—
GDP 增长率	0.015 (0.041)	−0.299 (0.193)	0.076 (0.082)	—
R^2	0.876	0.871	0.862	—
土地均衡数量				
交叉项	0.198 (0.224)	−0.112 (0.440)	0.399 (0.311)	—
GDP 增长率	0.030 (0.085)	−0.240 (0.431)	0.289 (0.189)	—
R^2	0.684	0.692	0.663	—
土地出让金				
交叉项	−0.136 (0.223)	−0.868** (0.404)	0.304 (0.316)	—
GDP 增长率	0.046 (0.085)	−0.540 (0.392)	0.365* (0.201)	—
R^2	0.666	0.677	0.710	
观测值	200	108	92	—

注：各列括号里的数是其对应稳健性标准误。第三列汇报发生比。简洁起见，各列均省略时间和地区固定效应。上标 *、** 和 *** 分别表示在 10%、5%和 1%统计水平上显著。这里交叉项指“*Treat*×*Period*”。

在土地市场，控制 GDP 增长率后，呈现土地单价下跌、土地均衡数量增加倾向，这主要是住房价格高涨导致土地供给增加所致。土地出让金是土地单价和土地均衡数量的综合作用结果，上海样本结果反应为负，其他样本不明显。也就是说，上海开征房产税一定程度上会抑制原来的土地出让金财源，转变为地方政府新的财政收入。事实上就对地方财政的贡献而言，开征房产税效果有限。公开资料显示，在不区分法人财产税和个人财产税的条件下，上海2011年、2012年房产税税收分别为22.1亿元和24.6亿元，分别仅占当年上海市本级财政收入的0.64%和0.66%。重庆市2011年征收个人住房房产税将近1亿元，而当年重庆国有土地使用权出让收入为801.5亿元，地方本级财政收入为2908.8亿元，土地出让收入占同期地方财政收入达到27.55%，相对地，个人房产税仅占同期地方财政收入的0.03%。①

综合而言，房产税开征导致房价上涨，住房成交量、地价和土地出让金呈现下降趋势，住房市场和土地市场的实际政策效果基本验证了第二节的理论推测。

（三）事件研究分析

为了确保上述回归结果的可靠性，我们根据式（7-4）的事件研究方法来检验房产税改革前房价的特征对于控制组和实验组是否是类似的，即检验经典的DID方法的潜在假定——平行趋势假定（Parellel Trend Assumption）是否成立。检验平行趋势假定可用回归方法也可画图。回归结果如表7-3所示，能够看出，第二列“2011年虚拟变量×*Treat*”之前的交叉项系数并不显著，表明在房产税试点前南京和上海很大程度上具有共同的特征。相对而言，第三列前期交叉项较为显著，表明成都和重庆有较大差别，不太符合平行趋势假定。类似地，第一列综合效果欠佳，分开讨论重庆和上海的房产税实施效果较好。

① 数据主要分别来自上海市、重庆市财政局官方网站，部分来自新闻报道。

表 7-3 房产税改革对住房价格的影响的事件研究分析回归结果

	(1)	(2)	(3)
2008 年虚拟变量 ×*Treat*	-0.209*** (0.067)	-0.077 (0.072)	-0.347*** (0.096)
2009 年虚拟变量 ×*Treat*	-0.133*** (0.051)	-0.007 (0.054)	-0.282*** (0.071)
2011 年虚拟变量 ×*Treat*	0.042 (0.051)	0.037 (0.050)	0.056 (0.078)
2012 年虚拟变量 ×*Treat*	0.119** (0.049)	0.260*** (0.062)	-0.047 (0.051)
2013 年虚拟变量 ×*Treat*	-0.060 (0.048)	-0.061 (0.059)	-0.072 (0.053)
区固定效应	控制	控制	控制
年固定效应	控制	控制	控制
户籍城镇人口/ 常住城镇人口	-0.086 (0.164)	—	—
常数项	-0.988*** (0.148)	0.116* (0.064)	-0.893*** (0.096)
观测值	294	180	114
R^2	0.979	0.982	0.880

注：第一、第二、第三列分别代表全部、上海与南京、重庆与成都样本结果。由于多重共线性问题，第二、第三列的控制变量“户籍城镇人口/常住城镇人口”自动去除。“2010 年虚拟变量×*Treat*”作为参照系已去除。

表 7-3 的交叉项系数如图 7-3 所示，a、b、c 分别描绘全部、上海与南京、重庆与成都的情形。各子图中间连线为各年点估计系数的时间趋势，上下虚线为 95%置信区间估计区域，当然上面 high 为（系数+ 1.97×标准误）结果，下面 low 为（系数- 1.97×标准误）结果。这里 $Yr_{2010}=-1$

为参照组或称基准年（Baseline Year），故省去且不反映在事件研究图表内。① 不难发现，对于上海样本 b 图，式（7-4）中 2008~2010 年交叉项系数的 95%置信区间估计包括水平线 0，即各年系数均不显著，表明房产税出台前控制组和实验组增长趋势是类似的；政策发生时和发生后有明显跳跃，这和上述回归估计结果是一致的；随着时间的推移，政策效果在减弱，甚至在未来更长时间内将减小为负值，房价随时间呈现倒“U”型符合常理。细看 c 图我们发现，房产税政策出台前重庆、成都的房价共同趋势并不明显，这也导致全部样本结果（图 a）较为混杂。类似地，开征房产税前总体上对住房均衡数量并无类似趋势，即控制组和实验组无法比较，同样符合表 7-2 的估计结果。

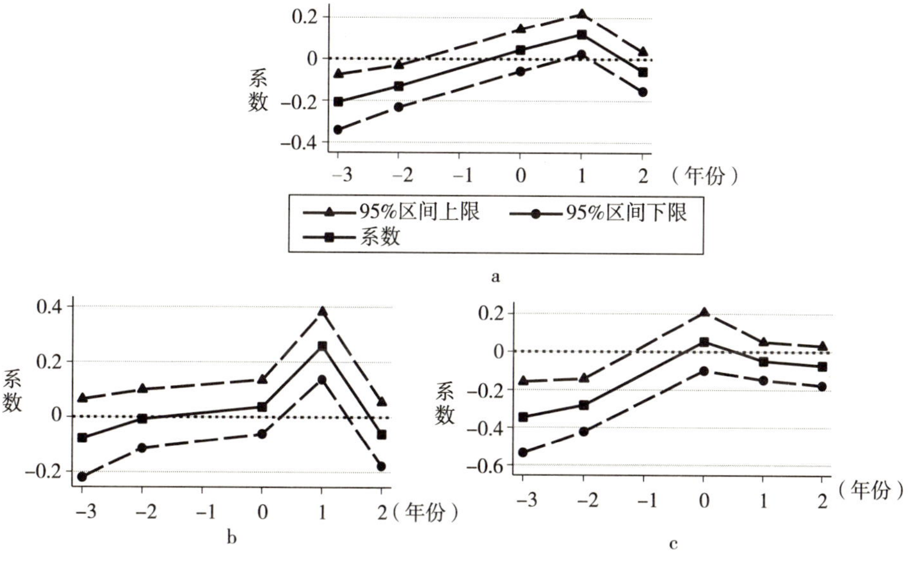

图 7-3 房产税改革对住房价格的影响的事件研究图形分析

注：子图 a、b、c 分别描绘全部、上海与南京、重庆与成都的情形。年份 0 为 2011 年，以此类推。图 7-4 同。

① 实际上，由于和 *Treat* 交叉，并不存在完全多重共线性问题，这里也可加入“2010 年虚拟变量×*Treat*”或者 $Yr_{2010}=-1$，得出结论非常类似。

土地市场情况总体不乐观。如图 7-4 所示，土地价格、均衡数量在房产税征收前个别年份无共同趋势。对于土地出让金而言，房产税征收前后 $y=0$ 这条水平线始终处于 95%置信区间估计以内，即两组样本征收前增长趋势类似，但开征房产税对土地出让金的影响并不显著（见图 7-5）。

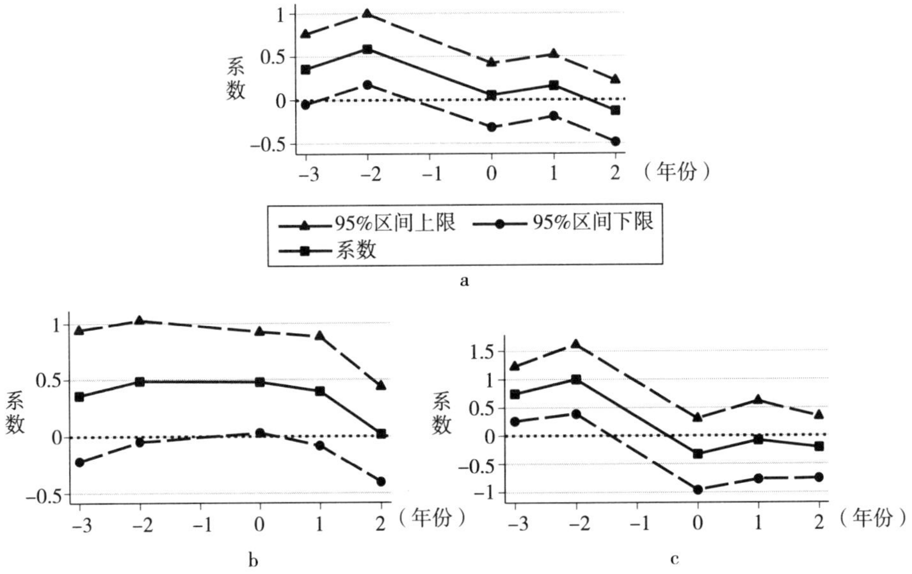

图 7-4　房产税改革对土地价格的影响的事件研究分析

综上所述，在开征房产税前，住房市场的房价以及土地市场的土地出让金很好地符合 DID 模型潜在假定，但征收房产税后住房均衡数量及土地市场变量并无明显规律可循。从时间效应来看，开征房产税首先会提高房价，随着时间的推移会减弱影响，但能否抑制土地出让金这一传统的财源尚需时间考察。

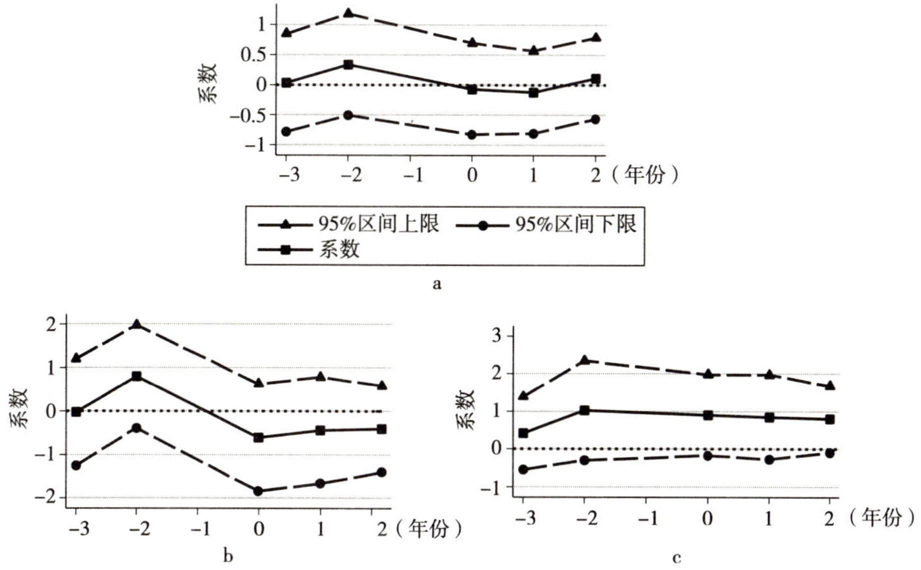

图 7-5 房产税改革对土地出让金的影响的事件研究分析

五、合成控制法讨论

比较案例研究（Comparative Case Study）试图构建联系定性和定量的实证研究的桥梁。合成控制方法（Synthetic Control Methods，SCM）就是这样一种方法，把定性新鲜血液注入定量骨骼中（Tarrow，1995）。该方法通过数据导向过程（Data-driven Procedure）对比可观测的定量特征来减少选择可比较的控制组的随意性。相比以往的回归方法（特别是事件研究法），透明和避免外推是 SCM 的显著优势，这是由于控制单位的加权平均和权重为正且总和为 1。另外，构造合成控制组并未用到试验后的信息，这为促进研究者诚信实验提供了重要的机制。本方法允许不可观察的因素随时间变动，故拓展了上述的双重差分方法（DID）或固定效应模型。权重本质上选择最能反映政策发生前实验组特征的对照组的凸组合，这使得合成控制组能够最准确地近似实验组在试验前的特征。

合成控制法近年来被广泛地应用在各个经济体政策评估上。如 Abadie 等（2003，2010，2014）曾率先利用该方法考察某些政策效应。具体而言，Abadie 和 Gardeazabal 调查西班牙巴斯克地区 20 世纪 60 年代末到 90 年代后期恐怖冲突对当地经济的影响，当他们将巴斯克以外的西班牙郡县拟合成巴斯克郡县反事实状态时发现，恐怖冲突造成人均 GDP 下降大约 10%。Abadie 等（2010）调查美国加利福尼亚州 1988 年禁烟令（99 号建议，Proposition 99）对当地香烟销售的影响，发现 2000 年加州人均香烟销售大约下降 26 包。Abadie 等（2014）进一步应用到 1990 年东西德国合并对西德的经济影响上，他们将 16 个 OECD 国家拟合成西德未合并状态并同真正合并的西德做比较，发现西德合并后人均 GDP 大约下降 1600 美元，这相当于 1990 年的 8%。国内的相关研究跟进很快，典型的文献是刘甲炎和范子英（2013）。他们在国内率先利用合成控制法考察 2011 年重庆房产税试点效果，认为试点工作显著降低房价每平方米 156～350 元，这相当于 5.27%。进一步细分样本发现，大面积住房负面影响显著，小户型住房价格反而会在开征房产税后上涨，提醒我们谨慎对待房产税试点。本小节将房产税开征效应进一步拓展到上海情形，得出新的不同的结论。

（一）数据说明

本节数据来源于历年《中国房地产统计年鉴》和《中国城市统计年鉴》，构成 35 个大中城市 2007～2013 年面板数据。实验组（Treatment Group）为上海或重庆，对照组（Donor Pool）包括去除上海、重庆的 33 个大中城市。构造一个虚拟的或合成的控制组（Synthetic Control Group），即实验组未实验情况下的反事实结果（Counterfactual Outcomes）。

（二）计量模型

设定实验组城市 i 在 t 年受政策影响情况下的结果为 Y_{it}^{I}，不受政策影响

情况下的结果为 Y_{it}^N，显然，前者可观测，后者不可观测，需采用某种方法匹配，二者差额 α_{it} 即为我们感兴趣的平均政策效应ATT。假定 T_0 时刻发生政策，故 $1 < T_0 < T$，政策发生后时期为 T_0+1 到 T。这里，$i=1$，…，N，$t=1$，…，T_0，$Y_{it}^I=Y_{it}$。由此，我们有如下等式：

$$\alpha_{it} = Y_{it}^I - Y_{it}^N = Y_{it} - Y_{it}^N \tag{7-5}$$

假设存在 $J+1$ 个城市，不失一般性，第1个为受政策影响的实验组，后 J 个为不受政策影响的控制组。我们目标就是估计政策效应 $\alpha_{1,\ T_0+1}$，…，$\alpha_{1,\ T}$，根据式(7－5)，现在任务是匹配不可观测的 Y_{1t}^N。进一步设定 D_{it} 为指示政策效应的虚拟变量，当 $i=1$ 且 $t>T_0$ 时其值为1，否则为0。那么，第 i 个城市在第 t 年的可观测结果为：

$$Y_{it} = Y_{it}^N + \alpha_{it} \cdot D_{it} \quad i=1,\ \cdots,\ J+1;\ t=1,\ \cdots,\ T \tag{7-6}$$

现假定 Y_{it}^N 由如下因子模型决定：

$$Y_{it}^N = \delta_t + \theta_t \cdot Z_i + \lambda_t \cdot \mu_i + \varepsilon_{it} \tag{7-7}$$

其中，δ_t 为各城市常因子载荷的未知的共同因子，$Z_{i(t)}$ 为可观测的控制变量向量，λ_t 为不可观测的共同因子向量，μ_i 为因子载荷向量，ε_{it} 为城市层面的不可观测的临时冲击随机扰动项，其均值为0。我们注意到，当 λ_t 恒为常数时，式(7－7)退化为常见的DID模型。也就是说，这里的合成控制法可以考虑随时间变化的不可观测的个体因素，缓解了控制组选取的随意性，是双重差分法的一个扩展。

现考虑一组权重向量 $W=(w_2,\ w_3,\ \cdots,\ w_{J+1})'$，只要满足各元素均为正数且其总和为1的双重条件，则其可代表一个潜在的合成控制，即一个特殊的控制组城市加权平均值。由 W 表示的合成控制方法下的结果变量值为：

$$\sum_{j=2}^{J+1} w_j Y_{jt} = \delta_t + \theta_t \sum_{j=2}^{J+1} w_j Z_j + \lambda_t \sum_{j=2}^{J+1} w_j \mu_j + \sum_{j=2}^{J+1} w_j \varepsilon_{it} \tag{7-8}$$

假设存在一组最优的权重向量 $(w_2^*,\ w_3^*,\ \cdots,\ w_{J+1}^*)'$，使得：

$$\sum_{j=2}^{J+1} w_j^* \cdot Y_{j1} = Y_{11},\ \sum_{j=2}^{J+1} w_j^* \cdot Y_{j2} = Y_{12},\ \cdots,\ \sum_{j=2}^{J+1} w_j^* \cdot Y_{jT_0} = Y_{1T_0},\ \sum_{j=2}^{J+1} w_j^* \cdot Z_{jt} = Z_1 \tag{7-9}$$

Abadie 等（2010）已经证明，若 $\sum_{n=1}^{T_0} \lambda_n{}'\lambda_n$ 非奇异，且政策发生前年数大于临时冲击规模，则有如下等式成立，且等式右侧趋于 0：

$$Y_{1t}^N - \sum_{j=2}^{J+1} w_j^* \cdot Y_{jt} = \sum_{j=2}^{J+1} w_j^* \cdot \sum_{s=1}^{T_0} \lambda_t \cdot \left(\sum_{n=1}^{T_0} \lambda_n{}' \cdot \lambda_n\right)^{-1} \cdot \lambda_s{}' \cdot (\varepsilon_{js} - \varepsilon_{1s}) - \sum_{j=2}^{J+1} w_j^* \cdot (\varepsilon_{jt} - \varepsilon_{1t}) \tag{7-10}$$

因此，我们得到合成控制方法的最终政策效应估计式为：

$$\hat{\alpha}_{1t} = Y_{1t} - \sum_{j=2}^{J+1} w_j^* \cdot Y_{jt} \quad t \in \{T_0 + 1,\ \cdots,\ T\} \tag{7-11}$$

本小节仅介绍 SCM 思想及度量方法，具体实施过程和推导证明过程可参考 Abadie 等（2003，2010，2014）①。

（三）实证结果

本节以上海为例，尝试给出合成控制法下的房产税试点实证结果。首先给出上海和除了上海、重庆的其他城市随时间推移住房价格分别如何演变，如图 7-6 所示。然而，该图显示在 2011 年 1 月上海实施房产税试点前，上海房价走势和其他城市并未保持同样的趋势，2009 年以后上海房价大幅上涨，全国其他城市房价增长较为平缓，即传统的控制组和处理组并未符合“平行假定”，故双重差分方法是失效的，这正需要合成控制法来处理。根据刘甲炎和范子英（2013）等以往的研究，本节选取的自变量包括房地产业就业比重、全市工资水平、全市 GDP 增长率、全市财政盈余率、城市开放度。其中，房地产业就业比重是 35 个大中城市按登记注册类型分的房地产开发企业从业人数和地级及以上城市在岗职工人数的比例，

① stata 已植入 SCM 命令 synth，详细可参照 http：//web. stanford. edu/ ~ jhain/synthpage. html。

全市财政盈余率是全市范围内财政收入与财政支出差额的相对比例，城市开放度用全市进口出口和除以全市 GDP 得到。

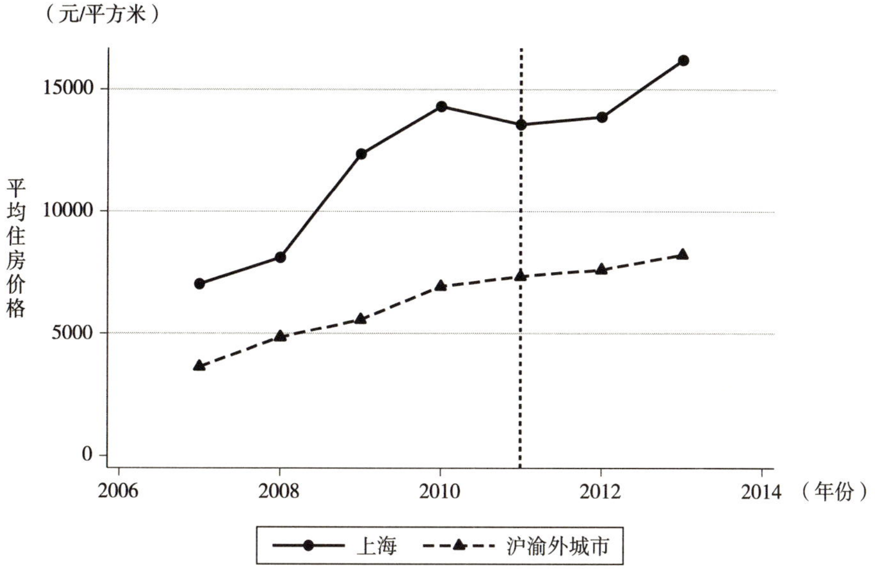

图 7-6 开征房产税对上海及其他城市房价的影响

当使用合成控制法时，本节得到图 7-7。不难看出，在试点前处理组和合成控制组的趋势较为相似，较好地拟合了上海房产税试点前的特征，故合成控制法能够度量房产税试点对上海房价的净影响。我们发现，房产税开征的 2011 年，上海住房价格相对较低，但第二年有所上涨，第三年房价更高，这与上述双重差分方法下的上海房价开始上涨的结论是一致的，但后期变化结论略有出入，可能与研究方法和研究数据有关。

具体而言，合成上海的几个非零权重城市按权重大小排序分别为北京、深圳、合肥、杭州，如表 7-4 所示。根据权重和对应城市的平均房价，我们得出合成上海的住房价格为 10381.967 元/平方米，非常接近上海的真实住房价格 10452 元/平方米，而这与去除重庆、上海后的 33 个大中城市的平均房价 5181.588 元/平方米相差甚远，可参照表 7-5 最后一行对比。观察表 7-5，我们还能得到自变量在各情形下如何的相同与不同：上

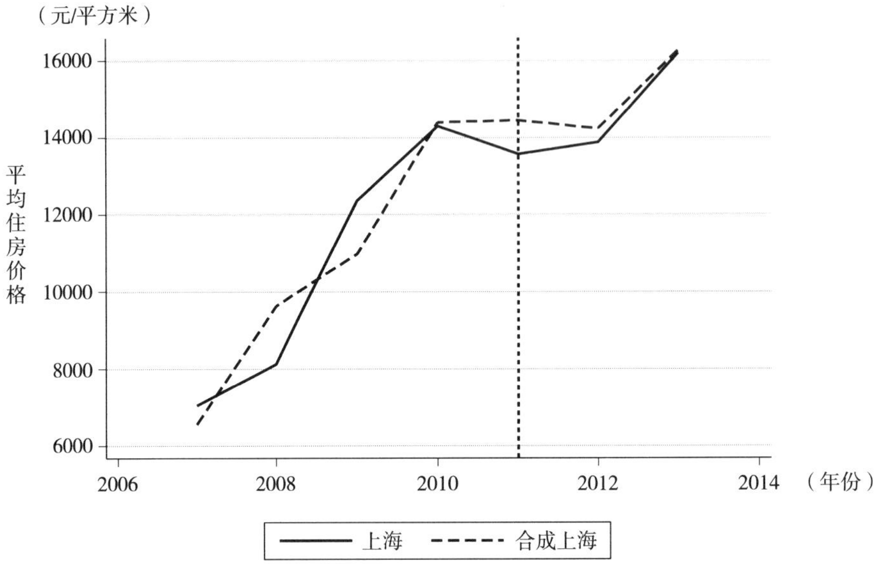

图 7-7　开征房产税对上海及合成上海房价的影响

海与合成上海在房地产业就业比重、全市工资平均水平、全市 GDP 增长率、全市财政盈余率、城市开放度方面非常相近，而与剩余 33 个大中城市的这些特征相差甚远，再次说明传统的双重差分方法不能准确测算出房产税开征的净影响，而合成控制法在此情形中更合意。

表 7-4　合成上海的权重

城市	北京	杭州	合肥	深圳	其余
权重	0.367	0.032	0.279	0.322	0

表 7-5　各情形预测变量均值对照

	单位	上海	合成上海	33 个控制城市
房地产业就业比重	%	2.98	2.21	1.95
全市工资平均水平	元	60325.08	45664.1	33775.54

续表

	单位	上海	合成上海	33 个控制城市
全市 GDP 增长率	%	10.645	13.2372	13.8117
全市财政盈余率	%	-11.94	-12.01	-41.63
城市开放度	·%	0.22	0.21	0.07
平均住房价格	元/平方米	10452	10381.967	5181.588

为了检验结果的稳健性，本节还做了安慰剂试验（Placebo Test），即取未开征房产税的城市做处理组（如北京），其余城市合成该城市，结果发现该城市和合成城市在 2011 年之前走势有较大不同，且在 2011 年后差距并没有图 7-7 所示的上海与合成上海的差距那么大，说明不能认为利用合成控制法度量上海房产税试点效果是偶然结果。

综上所述，本节利用合成控制法进一步讨论了上海试点房产税对当地房价的影响，基于 2007~2013 年 35 个大中城市数据，实证结果发现，房产税开征的 2011 年，上海住房价格相对较低，但第二年开始上涨，第三年房价更高，基本印证了双重差分方法下对上海的单独实证分析结果。

六、小结与探讨

（一）小结

自 2011 年 1 月，我国开始在上海、重庆率先试点开征房产税，当时征收的初衷是“合理调节居民收入分配，正确引导住房消费”。几年来，政府和民间围绕征收房产税的经济效果的讨论一直不断，这一准自然实验同样引起学术界浓厚的研究兴趣。不少文献回顾西方成熟市场经济环境下征收房产税的政策效应，或利用历史数据测算我国开征房产税后的房价变动或地方政府财政收入变化，大多认为开征房产税后会抑制房价上涨，甚至成为新的政府财源，但鲜有人考察具体的时间效果。基于对征收房产税经济后果的理论分析以及搜房网2008~2013年中观数据，本章利用双重差分模型和事件研究方法首次考察了上海、重庆两地政策影响的时间效应。结果发现，房产税开征短期内会推高房价并降低住房成交量，但房价效果随时间推移而减弱；对土地市场的传导影响很弱，但土地出让金收入有所下降；这些效果对上海更为明显，对重庆效果不佳甚至相反。综合而言，试点城市房产税开征短期内未能降低房价，也未能明显扭转“土地财政”趋势而转为地方政府长期稳定的新财源。

按照合成控制法考察全国35个大中城市2007~2013年地级市级别的面板数据，发现相对于上海房价合成控制的反事实状态（Counterfactural State），上海的房产税试点较明显地提升了当地住房价格水平，并维持了较长年份，基本印证了上述双重差分方法的实证结果，但后期房价下降结果有待进一步考察。

若同时考虑住房消费属性和投资属性，上述实证检验结果将不难理解。多年来房地产业在我国一直处于重要地位，住房投机现象普遍，多数城市房地产价格不断偏离其基本面价值，房地产的资本品成分逐步增加。在这种宏观环境中，由于试点城市房产税税率偏低（上海的基准税率为0.4%，重庆为0.5%）、税收的覆盖面偏窄（重庆仅对高档住宅征收，上海侧重于增量，虽然增量在第二年会转变为存量，但覆盖面仍有限）、减免范围过宽（上海规定人均60平方米的免税面积，重庆对存量独栋商品住宅给予180平方米的免税优惠，新购高档住房给予100平方米的免税优惠）、计税依据不科学（两市均采用交易价格而非评估价值作为计税依据），房产税开征根本不足以打击市场的投资热情，反而因税负转嫁推高了房价。随后之所以出现房产税推高房价的影响逐年递减的趋势，是因为房产税本身传递的信号改变了投资者对市场的预期，房地产的投资需求持续得到抑制，部分空置房会进入租房市场或二手房市场，房地产市场更趋向消费品市场，进而因房产税资本化到房价中加大使用者成本（User Cost）导致房价下跌。动态地看，住房市场的变动势必导致土地市场的调整，房价的上涨先会吸引土地供给增加，进而地价的下跌引起房价最终下跌并趋于新的均衡，故逻辑上房产税对土地出让金存在“挤出效应”。

本章的研究结论具有重要的政策含义。地方政府“土地财政”行为备受诟病，2016 年房地产领域“营改增”工作使得地方政府财政更是捉襟见肘，房产税开征迫在眉睫。事实上，中共十八届三中全会正式要求加快推进房地产税相关立法，随后全国不动产登记业已在 2015 年 3 月开始，房产税如何全面开征需要理论基础。首先，开征房产税需要考察具体的时间效应。以往文献通常忽视政策发挥作用的时间效果。本章实证表明，总体而言，房产税征收先会推高房价，后几年会减弱直至起到抑制房价的作用，这也符合骆永民和伍文中（2012）的理论模拟。本章事实说明，虽然房产税短期内不能降低房价甚至推高房价，但强烈的政策信号能够长远影响房价走向。同时也从侧面启示我们，鼓励中低收入家庭租房行为，可降低当前住房空置率，从而扩大市场有效供给，提高住房资源配置效率（田国强，2011）。其次，不同的征收策略可能导致不同的政策效果，权衡城市不同群体利益至关重要（符育明，2010）。上海倾向于征收增量房房产税，重庆则侧重存量房。本章数据显示，上海房产税征收范围的实际效果更佳，细节上更为符合现实，这印证了白文周等（2016）的结论，但区别于 Bai 等（2014），很可能与选取的数据和方法有关。最后，房产税征收不仅会影响到住房市场，还能传递到土地市场。理想状态下，房产税改革可以把长期在公共财政体系外循环的巨额土地出让收入纳入预算管理，进而将地方政府的角色从土地市场的重要交易者真正转变为房地产市场的监管者（田国强，2011）。尽管本章的研究表明开征房产税对住房市场影响相对明显，土地市场的经济效果日后仍需更多实证考量，是否将房产税和地产税合并实施亦需要探讨（王希岩，2013a；赵婧，2014）。

（二）探讨

值得指出的是，鉴于研究重点和精力，本章并未过多具体测算房产税的实际效果，关于中国房产税测算及方案探讨可参考《2014 年城镇住房空置率及住房市场发展趋势》。现将其基本方法和观点总结如下：

回顾国际上发达国家征收房地产税的经验和做法，发现他们具有税基宽、税种少、税率低、注重保有环节、多采用比例税率、以住房评估价或房租为征收基础、多合征土地房屋等共同特征。现沪渝房产税试点仍税基窄、规模小、税率低，故西南财经大学中国家庭金融调查与研究中心建议今后合并现有保有环节的房产税、城市房地产税和城镇土地使用税，对房产和土地统一征收房地产税。根据 Oates（1969）房地产税资本化到房地产价值当中的观点及 Tiebout（1956）消费者用脚投票选择城市的观点，地方政府为提供公共服务原则上财政支出等于收入，调查中心估算房地产税率为土地出让金净收益/应税房产总价值，具体由当地房产价值和土地出让金水平两个因素决定：房价越低，土地出让金越高，则要求该省房地产税率越高。

调查中心提出三种开征房地产税收的方案，即对全部存量房征税、只对当年新购住房征税和只对第二套及以上的存量多套住房征税。通过上述公式测算出税率并对家庭分层估算税负，发现对当年新购住房征税税负收入比最大，故舍弃这种改革阻力最大的方案。他们由此建议，先对多套房征收房地产税，当然短期内免征家庭首套房。随着住房投机性需求降低，再过渡到对所有存量房征税，这里特别考虑低收入家庭的征税负担。

通过测算各省份应税家庭的比例，调查中心评估税制改革的阻力大小，建议从河北、四川等阻力小的省份试点征税，然后推广到全国。按照多套房税率估算值，以及住房持有成本的不同定义，发现 27.1%的多套房家庭持有成本（包括房产税、机会成本、贷款成本）大于房产增值额，故开征多套存量房房地产税后会释放 1143 万套二手房住房供给；当房产税持有成本高于房租收入时，48.1%的多套房会出售2009万套二手房；当考虑额外机会成本时，84.1%的多套房主持有成本高于房租收入，住房市场会多出3513万套住房供给。当然，房地产税税制设计要考虑到开征税收后对房产价值的影响，若房产价值由于持有成本增加而下降，则应提高税率，以确保当年地方政府在去除土地出让金情况下的财政收支平衡。

王希岩（2015）曾以“中国不动产税制优化”为题撰写他的博士论文并由人民出版社出版发行。他提出的房地产税方案是，在赋予使用者长期、稳定的土地使用权的同时，对地产和房产在保有环节分别课税，设立房地财产税、土地使用税和闲置土地税三项税种，在条件成熟时统一为房地产税。他认为，在中国开征房地产税不仅要为地方政府提供财政收入以及促进土地合理利用，其功能还在于规范地方公共财政体系，完善国家治理机制以及消除房地产市场失灵，甚至促进经济内生增长。在不动产税制路径实现方面，他设计了一套与开征房地产税激励相容的机制，包括结构性减税、对房地产税纳税人开放户籍、小产权房有条件合法化、不动产统一登记制度及社会信用体系的建立以及预算民主化等方面，最终建立一个具有中国特色的并有助于加快推进中国社会主义现代化进程的包括房地产税和资源税的不动产税制。

第八章　城市住房治理Ⅱ：社会流动[①]

一、引言及文献综述

当前，中国处于急剧转型的过渡阶段，经济社会变化日新月异。市场经济体制在创造出中国奇迹的同时，还加剧了贫富分化，甚至出现跨代贫困现象（冯华，2015）。如第五章以及陈小亮和陈彦斌（2014）所述，城镇家庭持有房产非常不平等，住房是家庭的重要财富，住房差异导致家庭财富不均。在理解并缓和贫富不均导致的社会冲突方面，静态的基尼系数显得很乏力，动态的社会流动可以构成实现“中国梦”的重要内容[②]。事实上，土地和房屋“从来都不只是一个产业或单纯的经济问题，而彻头彻尾就是民生和社会流动的问题”（陈杰等，2017）。那么中国的社会流动性到底如何？究竟什么因素影响我国的社会流动？相关主体能做哪些针对性治理？

---

① 柴国俊，邓国营，符育明．基于空间视角的中国社会流动考察及治理［J］．劳动经济评论，2017（2）：36-57．

② 2012年11月，我国政府首次提出“中国梦”，倡导“人民有信仰，民族有希望，国家有力量”，引起强烈共鸣。国际上看，社会流动对理解崇尚个人奋斗的“美国梦”具有重要意义（Corak，2013）。

社会流动度量机会公平性（Equality of Opportunity）[①]，是父母辈对成人子女辈的社会经济地位的影响，主要表现在教育、收入和社会阶层的代际转移方面。社会阶层的代际关联性，即社会阶层流动的反面，实际上是社会阶层内部的收入代际持续，收入不平等和教育回报能够强化这种持续性，国家教育投资则起弱化作用（Blanden，2013）。[②] 樊漪等人同样强调人力资本对代际收入流动的影响，认为教育投资回报率和教育成本增加会降低代际的流动性，政府教育支出和家庭收入增加则会提高代际的流动性（樊漪等，2013；Fan，2016）。社会学通常将决定代际流动性的因素归为社会环境、家庭背景和个人奋斗三个方面，后两者分别被认为是先赋因素和自致因素，其中的自致因素随着市场化进程和社会流动得到增强（陈恢忠，2005；李煜，2009）。

经济学界在社会流动领域的贡献归于 Becker 及 Heckman 等人。Becker 和 Tomes（1979，1986）较早建立理论模型，假定父母会将基因和人力资本投资等禀赋传递给下一代，考察兼顾后代的消费者效用最大化问题，实证发现二代人会耗尽长辈的优势（或劣势），正所谓“富不过三代”。最近，Heckman 和 Mosso（2014）概括并拓展了人力资本与社会流动方面的文献，指出向贫困家庭转移收入的传统做法并不可取，而指导他们孩子形成认知能力和人力资本的政策才更重要。Corak（2013）的思想非常类似，他同样认为早期人力资本投入能够影响成人后的收入和社会阶层，故政府应出台更多促进未成年人人力资本投资的公共政策以降低机会的不平等。

针对我国的相关文献较为丰富，大部分集中在社会学领域。如 Wu 和 Treiman（2007）指出，户籍作为中国配置社会资源的重要工具在人为制造

---

① 最近科幻小说《北京折叠》用文学的手法讲述了很类似的故事，这个城市三层空间的人们构成严格的阶层，不同空间的人们拥有的时间和财富各有多寡，相互隔离的场景是对中国大城市现实的夸张写照。

② Hout（2004）总结不平等是静态概念，流动性是动态概念，二者未必存在关系，可能存在或然（Contingent）关系。另外著名的 Great Gatsby 曲线描绘出不平等和社会流动性呈负向的情形（Corak，2013）。

不平等的同时，给予少数农村居民通过教育来公平地转变户籍的机会。最近的研究认为，由于社会排斥从体制排斥向市场排斥转型，特定阶层的代际传承在下降，阶层固化可能是未来趋势。经济学典型文献凤毛麟角，结论尚未达成共识。如 Gong 等（2012）基于 2004 年一微观数据考察中国代际收入流动情况，利用收入波动和生命周期模型纠正可能的偏误后，发现父亲和儿子的代际收入弹性达 0.63，由此认为父母教育对收入弹性大小至关重要。这一结论被邸玉娜（2014）进一步证实，她利用 2011 年中国健康与养老追踪调查（China Health and Retirement Longitudinal Study，CHARLS）考察最近代际收入流动性及其作用机制同样发现，父代的收入、工作性质和职业会对子女收入和教育收益率产生重要影响，故保障教育机会和就业机会的平等能够促进社会代际收入流动性。CHNS 数据进一步表明，我国父代特征差别极大地影响了下一代的收入差距，回报差异仅对低分位点家庭有意义（李任玉等，2014；Du 等，2014）；代际收入流动性在增强，但若考虑人力资本直接传导机制，流动性就会下降（Qin 等，2016）。李力行和周广肃（2014）则利用 CHIPS 数据多维度考察得出，我国收入、教育和职业流动性均在下降。

空间层面的社会流动正在引起人们关注。一方面，在国别对照上，南美国家、南欧国家和法国表现出很有限的流动性，而北欧国家流动性很强（Hertz 等，2007；Blanden，2013）。由于历史原因，英、美两国代际职业流动差异性并不大（Featherman 等，1975）。实际上，一旦考虑不同职业分布的变动，就会发现这两个国家流动性非常类似（Kerckhoff 等，1985）。倘若比较中美城市居民的职业流动性，中国流动性远远落后于美国，比如较低档职业的中国父亲并不能改善儿子境况（Blau 和 Ruan，1990）。社会流动本身的方向性很重要，如若对比美国、加拿大和瑞典三国收入代际转移，则加拿大向下流动幅度最大，美国最小，但各国向上流动差别较小（Corak 等，2014）。总的趋势是，资本回报率高于收入增长率的事实很可能导致发达国家 21 世纪贫富差距拉大，这显然会阻碍其经济长期增长和社会流动性（Piketty，2014）。

另一方面则考察地区之间的社会流动差异。如 Chetty 等（2014a）考察美国代际收入流动情况，发现各城市之间的代际流动情况差别很大，高代际流动地区通常具有较好的小学和较高的社会资本，同时居住隔离程度和不平等程度较低。他们另外研究指出，近些年美国家庭收入的代际流动非常稳定，但由于不平等程度的增加，小孩出身起点变得很重要（Chetty 等，2014b）。

综上所述，在空间视角上已有一些发达国家社会流动的经验事实，这为本章进行展开和对照奠定了坚实的文献基础。然而，鲜有研究考察后进国家空间社会流动情况。鉴于城镇化及工业化尚未完成，发展中国家势必在空间层面表现出不同的社会流动特征。中国作为世界上最大的发展中国家，经济转型和城镇化正在进行，这急剧改变着不同地区的家庭社会经济地位（Socioeconomic Status）的升降，维持较高的社会流动性成为中国摆脱“中等收入陷阱”的一个关键条件（蔡洪斌，2011）。当前国家治理体系和能力的现代化建设离不开政府引导和市场主体参与。本章结合以往文献，从空间维度较早考察我国社会流动的决定因素，试图找寻影响社会流动的因素，认为政府自上而下的基础教育投资、再分配政策同普通家庭自下而上的社会流动相结合是缓解贫困的长久治理路径（文雁兵，2015）。

二、模型与数据

（一）计量模型及变量选择

本章主要计量模型如式（8-1）所示：

$$outcome\_self_i = \alpha_0 + \alpha_1 \cdot outcome\_parent_i + \alpha_2 \cdot outcome\_parent_i \times spatial\_var_i + \alpha_3 \cdot spatial\_var_i + X \cdot \beta + \varepsilon_i \tag{8-1}$$

其中，*outcome* 为社会流动度量，本章主要考察教育，有两方面原因：第一，两代人收入数据的可得性受到限制。第二，教育变量不仅数据受限较少，测量误差较小，还能传递信息（Black 和 Devereux，2011）。为降低数量级及纠正偏态分布，下面回归分析中，两代人受教育年限分别取自然对数值。式（8-1）截距项 α_0 代表代际受教育年限的平均趋势，这可能来自生产率、国际贸易、技术或制度性因素（Corak，2013）。父母教育 *eduyear_parent* 对自身教育 *eduyear_self* 回归系数 α_1 表示直接渠道的代际教育弹性，其数值越大，表明直接渠道的代际流动性（可视作 $1-\alpha_1$）越小。交叉项为父母教育 *eduyear_parent* 与某个空间虚拟变量 *spatial_var* 乘积，捕捉不同空间层次的代际教育弹性差异。我们感兴趣其回归系数 α_2，它代表某个空间层面度量的解释变量能够剖析出的间接代际教育弹性。显然，交叉项系数 α_2 为正，表明这个解释变量将阻碍社会流动，其越显著表明阻碍作用越明显，反之则促进社会流动。简单的计算可知，式（8-1）总的代际教育弹性是 $\alpha_1 + \overline{spatial\_var} \cdot \alpha_2$，对应的代际教育流动性则为 $1-(\alpha_1 + \overline{spatial\_var} \cdot \alpha_2)$。这里空间变量 *spatial_*var 内容如下做重点阐述，控制变量包括个人、家庭或社会因素，如户主年龄及省份、地级市或区县固定效应等。如前所述，社会流动具有方向性，人们通常更关心向上方向的流动性，这会给大家提供爬上社会阶梯的希望（Bénabou 和 Ok，2001），我们筛选子女受教育年限大于父母受教育年限的样本做进一步考察。

社会流动除了由代际（教育或者职业）弹性度量外，还可以用相异指数（Dissimilarity Index，*DI*）计算。[①] 两者区别在于，后者仅计算组别（Cohort）社会流动程度，前者则可度量每个个体程度。相异指数公式如下：

$$DI_t = \left(\frac{\sum_{j=1}^{N} \left| \frac{a_j}{A} - \frac{b_j}{B} \right|}{2}\right)_t \tag{8-2}$$

① Long 和 Ferrie（2013）提供了矩阵算法。Chetty 等（2014a）使用“排序—排序斜率”来度量相对和绝对社会流动，但要求连续变量的条件很苛刻。

其中，t 代表某个受访者的出生组别，j 为教育(或职业) 分类，a、b 分别代表自己和父母两辈人的受教育程度，A、B 为出生组别内对 a、b 的加总。显然，DI 越大，表示某个组别两代人教育相关性越弱，社会流动性越强。仅使用相对父母拥有较高的受教育程度(或职业等级) 的这部分子女样本计算的净相异指数(NDI)，可以度量向上方向的社会流动。如果将时间 t 理解为某种空间层次，则式(8 - 2) 代表不同地理单位的社会流动程度。

当前文献越来越关注个体之间的社会互动（Davidoff 和 Ioannides，2010)，空间层面的社会互动开始吸引经济学家兴趣（Chetty 等，2014a)。[①] 本章重点关注的空间层面解释变量 spatial_*var* 包括城市规模、户口、党员或国有部门身份、收入隔离、平均受教育年限及收入不平等。一般来说，城市规模越大，个人或企业（雅各布斯）集聚效应越强（Alonso，1970)，对子女受教育程度有提升作用，预期会加快社会流动。城市规模具体度量方面，“大城市” 被定义为高于全部城市人口平均值的虚拟变量，其他空间虚拟变量构造类似。户口问题是中国特有的制度性问题（Song，2014)，可以预期，农业户籍很大程度上阻碍了子女受教育机会和世代的社会流动（Wu 和 Treiman，2007)。党员或国有部门工作的个体本是中国社会精英（Li，2007)，故一方面父母的这种政治身份或体制内工作经历在某个空间范围（如区县）所占比重能够保持子女受教育年限的连贯性，可能妨碍了社会正常流动，但另一方面周边优越的环境会腐蚀教育态度，也可能加快社会流动。另外大量文献表明，某个地理空间的平均受教育年限能够度量人力资本外溢性（Rauch，1993)，较好的受教育环境会增加子女受教育年限可能性。目前国内收入不平等现象吸引民众关注，学术界认为，一定程度的收入不平等是市场经济发挥作用的结果，但较高的收入不平等很可能引发社会冲突（Corak，2013)，其综合效果方向很大程度上是一个实证问题。本章收入不平等程度用区县范围的基尼系数表示。

---

① 城市经济学家爱德华·格莱泽的经典学术著作《城市的胜利》（中文版于 2012 年印出）认为，城市可以让人们更好地沟通、学习与合作，总结城市是人类最伟大的发明。

区县范围的收入隔离（Income Segregation）程度较为复杂。收入隔离本身会创造类似的生活环境，高收入群体会延长子女受教育年限，低收入群体或由于缺乏学习榜样进一步陷入贫困，或由于空间不匹配（Spatial Mismatch）造成工作与居住地点分离，这两种情况下教育代际转移均变得困难（Chetty 等，2014a）①。传统上收入隔离用相异指数度量，但其基于分类变量，且存在收入分布利用信息少、阈值选择较随意等诸多缺陷。Reardon（2011）提出的排序隔离测度（Rank-order Segregation Measure）能够克服上述不足，具有良好的数学性质，已被应用在 Chetty 等（2014a）的文献中。本章同样借鉴这一方法，具体计算公式是：

$$H = 2\log_2\int_0^1 E(p)H(p)dp \tag{8-3}$$

其中，熵指数 $E(p) = p\log_2\frac{1}{p} + (1-p)\log_2\frac{1}{1-p}$，Thiel 指数 $H(p_k) = \sum_{n=1}^{16}\frac{t_n}{T}\frac{E(p_k) - E(p_{kn})}{E(p_k)}$。类似 Chetty 等（2014a），本章家庭总收入同样等分为 16 层。

Reardon（2011）证明，上述排序隔离测度实际上是 p 百分位数的隔离估算结果的加权平均值，权重在收入分布的中间部位较大。为深入探讨中位数外处于收入分布其他部位的家庭收入隔离程度的影响，我们还可进一步构造贫困隔离程度（Segregation of Poverty）和丰裕隔离程度（Segregation of Affluence），分别取 Theil 指数的 25%、75%分位数依据式（8-3）重新计算。

计量上讲，现今代际流动领域的文献越来越注重因果关系的识别，结合地理因素进行邻里效应（Neighborhood Effect）分析能够在一定程度上缓解空间遗漏变量引起的内生性问题（Holmlund 等，2011；Black 和 Devereux，

① MTO（Moving to Opportunity）项目是美国住房和城市发展部对减少贫困代际传递做出的社会尝试，通过为贫困家庭提供住房补贴鼓励他们向非贫困地区迁居，中长期评估发现具有一定积极效果，通俗性介绍及对我国的启示可参见甘犁（2013）。

2011）。同时，由于父母收入等产出对子女早期技能形成会产生重要影响（Heckman 和 Mosso，2014），借鉴 Chetty 等（2014a）的做法，本章使用受访者出生或早年地点而非现居住地点来构建地理层面的解释变量，以去除可能存在的遗漏变量或自选择问题。就区域而言，代际流动性的地区差异与当地政府的财政系统、教育系统以及家庭收入均有关系（樊漪等，2013），东部地区收入较高，借贷约束较小，预期代际流动现象更明显。

（二）数据说明

本章数据主要来源于中国综合社会调查（CGSS）。该调查由中国人民大学社会学系和香港科技大学社会调查中心自 2003 年发起，通过定期、系统地收集中国家庭层面的数据，旨在总结社会变迁的长期趋势、探讨具有重大理论和现实意义的社会议题，目前已完成多轮调查，成为中国第一个全国性、综合性、连续性的大型社会调查项目。CGSS 采用分层设计、多阶段 PPS 方法，大部分年限覆盖城乡范围。基于数据及时性和研究目的，我们利用 CGSS 2010 年数据做实证研究①。这轮调查覆盖了中国大陆 31 个省（自治区、直辖市）、134 个区县、478 村（居）委会、11783 个家庭，总体应答率为 71.32%。② 我们从中整理出家庭受访者受教育程度、年龄、当前户口、居住地点、家庭总收入等信息，以及受访者父母受教育程度（取父、母受教育程度较高者）、政治面貌（是否党员，只要父母某一方即可）、是否国有部门（党政机关、事业单位、国企、集体企业、社会团体，只要父母某一方即可）工作等信息，并依据上述公式分别计算出调查地和出生地相应空间变量。其中，受教育程度原问卷分为没有受过任何教育、私塾、小学、初中、普通高中、职业高中、中专、技校、大学专科、大学本科、研究生及以上等几大类，我们实际计算 *DI* 或 *NDI* 时将没有受过任

① CGSS 最新公布了 2013 年调查数据，但未公开区县变量，故我们无法识别并利用较低地理层面的信息做研究。鉴于本章研究对象带有经济史性质，我们暂认为 2010 年数据基本符合当前的研究需求，日后研究将利用更多数据提供进一步证据。

② 更多介绍及数据申请可参考其官方网站 http：//www. chinagss. org/。

何教育、私塾、小学三类合并为“小学及以下”，将普通高中、职业高中、中专、技校合并为“高中”，将大学本科、研究生及以上合并为“本科及以上”，故新的分类为小学及以下、初中、普通高中、职高/中专/技校、大专、本科及以上共五大类。在回归时，我们还根据原问卷教育分类大致转成对应教育年限。

本章另一数据源为 2011 年《中国城市统计年鉴》，从中整理出年末人口等信息。由于 CGSS 第一层抽样为区县，但区数据很难收集，这里用所在区上属的地级市或直辖市数据代替。通过匹配 CGSS 2010 年微观数据和《中国城市统计年鉴》宏观数据，进一步剔除严重缺失值，我们获得囊括近 10000 个家庭信息的有效样本。

三、实证分析

（一）描述性统计

我们首先给出不同年龄组别的社会流动的直观印象，如图 8-1 所示。横轴为受访者出生年份，纵轴是根据年龄组别及式（8-2）计算出的相异指数 *DI* 或净相异指数 *NDI*。可以看出，用教育度量的社会流动总体样本和向上方向子样本在时间维度上均呈倒“U”型，即在 20 世纪 60 年代前一直上升，之后开始下降，较早年份和最近均有些波动。这一现象可能有两种解释。第一，20 世纪 60 年代前出生的人们更多享受新中国成立后的和平环境，子女受教育程度逐渐超越父母一辈；20 世纪 60 年代以来，子女受教育年限趋同于父母，无法再提升，总体处于较高水平但略下降，近些年有教育代际分化倾向。第二，20 世纪 60 年代前可能受政治影响严重，普通民众教育容易赶超，之后受经济因素影响更强，或者说，排斥类型由体制排斥转向了市场排斥（李路路和朱斌，2015）。值得指出的是，这里代际流动总体向下的事实与樊潇等（2013）及 Fan（2016）的研究呼应。

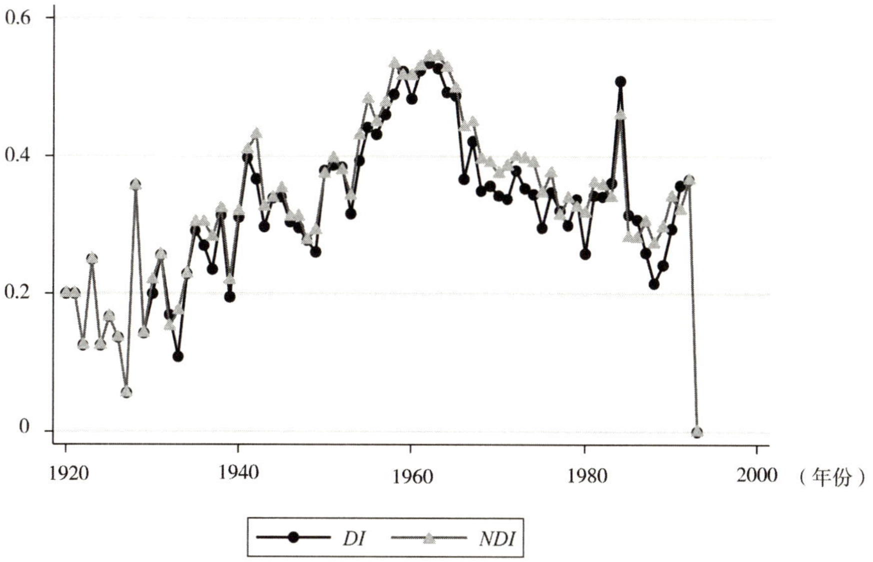

图 8-1 2010 年 *DI* 和 *NDI* 随时间变化趋势

表 8-1 列出了主要变量的描述性统计特征。相异指数 *DI* 和净相异指数 *NDI* 均值分别为 0.371 和 0.394，略高于 2005 年水平（分别为 0.349 和 0.376），初步说明这五年教育度量的社会流动性是增强的。父母和子女受教育年限 *eduyear_parent*、*eduyear* 均值分别为 4.44 年和 7.486 年，区县层面平均受教育年限平均值 *avgeduyear_parent* 很类似父母受教育年限 *eduyear_parent*。这几个变量标准差均较大，反映出两层信息：一方面子女受教育程度普遍较高；另一方面全国民众教育水平参差不齐。受访者作为子女一代，平均年龄 *age* 为 46 岁半，大约 34%的样本处于东部沿海省份 *east*，依据出生地（或早期生活地区，下同）信息，我们估算出 38.8%的地级市年末人口高于调查地级市平均值，即大城市 *largecityn* 平均值约为 0.388。74.7%的家庭出生时为农村户口 *hukoun*，调查时这一比重下降为 58.9%。收入隔离指数 *seg_inc* 是 0.095，远高于 Chetty 等（2014a）测算的美国同

期数据 0.039，收入基尼系数 *inc_ginib* 是 0.414，同样高于他们对应的 0.406。这些事实显示出我国社会经济急剧变化的特征。区县级别的党员比重 *avgccp* 平均为 16.4%，国有部门工作比重 *avgpublic* 为 25.6%，虽然份额较小，但基本属于社会精英，这是我国较有特色的地方。

表 8-1　空间社会流动描述性统计特征

变量	定义	观测值	均值	标准差	中位数	最小值	最大值
DI	相异指数	9654	0.371	0.089	0.353	0	0.535
NDI	净相异指数	9654	0.394	0.088	0.386	0	0.545
eduyear	受访者受教育年限（年）	9654	7.486	4.033	8	0.010	15
eduyear_parent	父母受教育年限（年）	9654	4.440	4.018	5	0.010	15
east	东部虚拟变量	9654	0.337	0.473	0	0	1
age	受访者年龄（岁）	9654	46.54	14.53	46	17	90
largecityn	早期居住大城市虚拟变量	6863	0.388	0.487	0	0	1
hukoun	早期农村户口虚拟变量	6115	0.747	0.435	1	0	1
seg_inc	收入隔离指数	9627	0.095	0.066	0.085	-0.243	0.477
avgeduyear_parent	父母平均受教育年限（年）	9654	4.408	1.715	4.097	0.010	15
avgccp	父母党员比重	9654	0.164	0.120	0.135	0	1
avgpublic	父母国有部门工作比重	9654	0.256	0.210	0.185	0	1
inc_ginib	收入基尼系数	9654	0.414	0.121	0.420	0	0.775
edu_largecityn	父母受教育年限×早期居住大城市虚拟变量	6863	-0.113	1.938	0	-4.605	2.708
edu_hukoun	父母受教育年限×早期农村户口虚拟变量	6115	-0.872	2.823	0	-4.605	2.708
edu_seg	父母受教育年限×收入隔离指数虚拟变量	9654	-0.239	2.087	0	-4.605	2.708
edu_avgeduyear_parent	父母受教育年限×父母平均受教育年限虚拟变量	9654	0.231	1.700	0	-4.605	2.708

续表

变量	定义	观测值	均值	标准差	中位数	最小值	最大值
edu_avgccp	父母受教育年限×父母党员比重虚拟变量	9654	0.063	1.774	0	-4.605	2.708
edu_avgpublic	父母受教育年限×父母国有部门工作比重虚拟变量	9654	0.107	1.649	0	-4.605	2.708
edu_incineq	父母受教育年限×收入基尼系数虚拟变量	9654	-0.369	2.373	0	-4.605	2.708

由于经济关系的交叉性，上述主要变量如果直接进行多元回归可能存在多重共线性问题，影响回归结果的可靠性。为此，表 8-2 列出了主要变量相关系数矩阵。不难发现，父母受教育年限同各空间虚拟变量的交叉项之间存在较高的相关性。例如，周边父母平均受教育年限交叉项 *edu_avgeduyear_parent* 与父母国有部门工作交叉项 *edu_avgpublic* 有很强的重叠性，正相关系数高达 0.72，二者显然不能同时进入回归方程。保守起见，除年龄外，我们分别单独回归每个感兴趣的解释变量及其对应虚拟变量同父母受教育年限的交叉项，期待得到较为准确的估计结果。唯一例外的是，鉴于户口 *edu_hukoun* 同年龄相关性超过 0.3，我们在如下户口回归中去除年龄控制变量。

表 8-2　空间社会流动主要变量相关系数

	edu_largecityn	*edu_hukoun*	*edu_seg*	*edu_avgeduyear_parent*	*edu_avgccp*	*edu_avgpublic*	*edu_incineq*	*age*
edu_largecityn	1	—	—	—	—	—	—	—
edu_hukoun	0.4703	1	—	—	—	—	—	—
edu_seg	0.3846	0.5704	1	—	—	—	—	—

续表

	edu_largecityn	edu_hukoun	edu_seg	edu_avgeduyear_parent	edu_avgccp	edu_avgpublic	edu_incineq	age
edu_avgeduyear_parent	0.4534	0.3766	0.3618	1	—	—	—	—
edu_avgccp	0.4558	0.3960	0.4632	0.7267	1	—	—	—
edu_avgpublic	0.4181	0.2895	0.3716	0.7202	0.6480	1	—	—
edu_incineq	0.3911	0.6807	0.5757	0.4278	0.4689	0.3475	1	—
age	-0.2262	-0.3566	-0.2411	-0.2752	-0.2382	-0.2281	-0.2794	1

这里最后考察社会流动程度省级分布，*di* 和 *ndi* 按照省份空间维度重新计算。图 8-2 显示，社会向上流动程度较高的省份大多分布在东部较为发达的地区，这与美国形成鲜明对照［见 Chetty 等（2014a）图 VI-A 或附图 8-1］，两国差别有待进一步研究。青海是一个例外，可能与其移民多有关。

（二）回归分析

考虑到可能的内生性及自选择问题，本小节依据出生地等信息构造变量，先给出空间变量对社会流动的回归结果，再考虑向上方向的社会流动性影响因素。此外，附表还列出省份固定效应前提下，利用调查地信息构造的各空间变量对社会流动的回归结果。

正如上述提到的，若未考虑子女早期生活信息，以及子女长大后会自选择到他们偏好的地方生活或工作，两种原因导致附表 1 和附表 2 的估计结果可能是不一致的。为此，我们根据 CGSS 调查问卷有关父母信息和子女出生或早年［16 岁前，同 Chetty 等（2014a）］经历变量进行适当调整，尽可能将空间从调查地调整为出生地或早期生活地区，利用调整后重新计算的自变量进行回归，得到表 8-3 前三列和表 8-4，分别对应附表

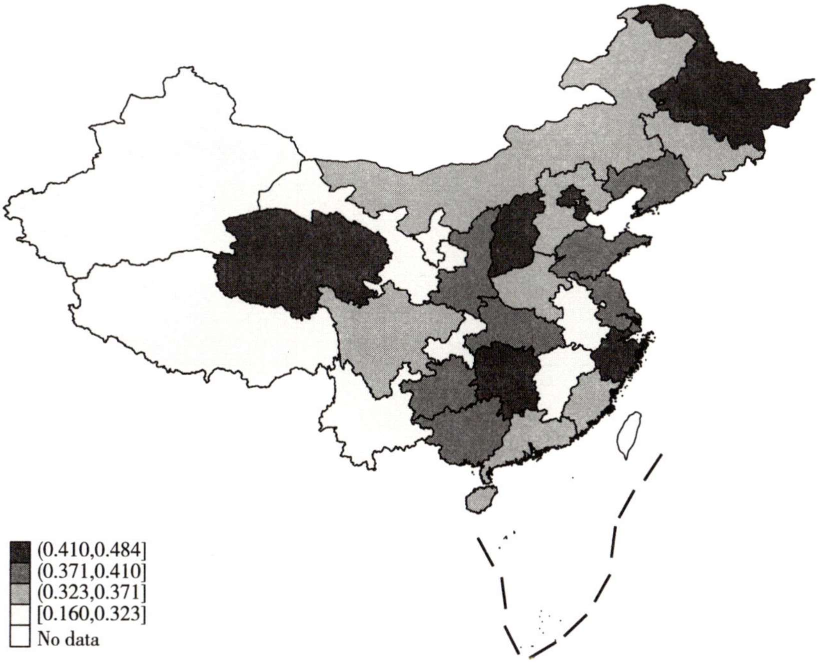

图 8-2 2010 年 *NDI* 在全国省级层面的空间分布示意图

注：CGSS 2010 年未调查中国港澳台地区，故这些地方无数据。

8-1和附表 8-2。表 8-3 后三列和表 8-5、表 8-6 主要考察向上方向的社会流动因素，分别对照全体样本的表 8-3 前三列和表 8-4。

表 8-3 社会流动影响因素的回归分析 I

	(1)	(2)	(3)	(4)	(5)	(6)
			东	向上	向上	向上东
leduyear_parent	0.146*** (0.0185)	0.134*** (0.0126)	0.163*** (0.0273)	0.0483*** (0.0030)	0.0534*** (0.0019)	0.0537*** (0.0042)
edu_hukoun	0.0819*** (0.0224)	—	—	0.0087** (0.0034)	—	—

续表

	(1)	(2)	(3)	(4)	(5)	(6)
			东	向上	向上	向上东
hukoun	-0.679*** (0.0635)	—	—	-0.166*** (0.0119)	—	—
edu_largecityn	—	-0.0163 (0.0194)	-0.104*** (0.0325)	—	-0.00384 (0.0028)	-0.0138*** (0.0053)
largecityn	—	0.452** (0.195)	1.410** (0.626)	—	0.239*** (0.0832)	-0.289*** (0.0203)
age	—	1.125*** (0.200)	1.418*** (0.308)	—	0.0399 (0.0309)	-0.118** (0.0538)
age2	—	-0.427*** (0.0453)	-0.453*** (0.0708)	—	-0.0230*** (0.0066)	-0.0005 (0.0115)
常数项	1.714*** (0.277)	1.219*** (0.320)	0.204 (0.740)	2.248*** (0.0399)	2.202*** (0.0490)	2.434*** (0.0528)
birthprefecture FE	Y	Y	Y	Y	Y	Y
观测值	6115	6863	2050	3672	4222	1396
R^2	0.214	0.275	0.313	0.518	0.474	0.510

注：被解释变量各列均为子女受教育年限 *eduyear* 的自然对数值 *leduyear*，括号里的数是其对应稳健性标准差。上标 *、** 和 *** 分别表示在 10%、5% 和 1%统计水平上显著。表 8-4、表 8-5、表 8-6 同。

表 8-4 社会流动影响因素的回归分析 II

	(1)	(2)	(3)	(4)	(5)	(6)
		东				
leduyear_parent	0.124*** (0.0117)	0.0806*** (0.0176)	0.167*** (0.0114)	0.148*** (0.0111)	0.152*** (0.0112)	0.101*** (0.0134)
edu_seg	0.0196 (0.0168)	0.0629** (0.0270)	—	—	—	—

续表

	(1)	(2)	(3)	(4)	(5)	(6)
		东				
highseg	0.841*** (0.184)	0.455*** (0.0628)	—	—	—	—
edu_avgeduyear_parent	—	—	-0.110*** (0.0163)	—	—	—
highavgeduyear_parent	—	—	5.401*** (0.0539)	—	—	—
edu_avgccp	—	—	—	-0.0461*** (0.0173)	—	—
highavgccp	—	—	—	0.571*** (0.0425)	—	—
edu_avgpublic	—	—	—	—	-0.0671*** (0.0167)	—
highavgpublic	—	—	—	—	0.540*** (0.0306)	—
edu_incineq	—	—	—	—	—	0.0561*** (0.0174)
highginib	—	—	—	—	—	-1.306 (1.205)
age	0.826*** (0.172)	1.019*** (0.246)	0.842*** (0.172)	0.827*** (0.172)	0.860*** (0.172)	0.709*** (0.185)
age2	-0.357*** (0.0377)	-0.360*** (0.0542)	-0.362*** (0.0378)	-0.357*** (0.0377)	-0.364*** (0.0379)	-0.330*** (0.0405)
常数项	1.488*** (0.187)	1.247*** (0.268)	-3.816*** (0.203)	1.450*** (0.186)	1.407*** (0.188)	1.867*** (0.208)
birthcounty FE	Y	Y	Y	Y	Y	Y
观测值	10947	4344	10947	10947	10947	9627
R^2	0.296	0.324	0.300	0.297	0.298	0.288

表 8-5 各方向社会流动影响因素的实证分析 I

	(1)	(2)	(3)	(4)
	上	上东	上	上
leduyear_parent	0.0522***	0.0447***	0.0502***	0.0529***
	(0.0018)	(0.0033)	(0.0018)	(0.0018)
edu_seg	0.0027	0.0052	—	—
	(0.0027)	(0.0048)		
highseg	0.584***	0.719***	—	—
	(0.0103)	(0.0180)		
edu_seg_p	—	—	0.00723***	—
			(0.0027)	
highseg_p	—	—	0.149***	—
			(0.0094)	
edu_seg_a	—	—	—	0.00140
				(0.0027)
highseg_a	—	—	—	0.659***
				(0.0227)
age	0.0269	-0.147***	0.0262	0.0277
	(0.0299)	(0.0466)	(0.0299)	(0.0299)
age2	-0.0195***	0.0084	-0.0194***	-0.0196***
	(0.0062)	(0.0094)	(0.0062)	(0.0062)
常数项	1.865***	2.053***	1.856***	1.867***
	(0.0344)	(0.0544)	(0.0344)	(0.0344)
birthcounty FE	Y	Y	Y	Y
观测值	6020	2504	6020	6020
R^2	0.512	0.537	0.513	0.512

表 8-6 各方向社会流动影响因素的实证分析Ⅱ

	(1)	(2)	(3)	(4)	(5)	(6)
	上	上	上	下	下	上
leduyear_parent	0.0557*** (0.0017)	0.0541*** (0.0017)	0.0547*** (0.0017)	6.547*** (0.304)	6.452*** (0.321)	0.0498*** (0.0020)
edu_avgeduyear_parent	-0.0063** (0.0028)	—	—	—	—	—
highavgeduyear_parent	-0.0464*** (0.0132)	—	—	—	—	—
edu_avgccp	—	-0.0017 (0.0028)	—	-1.038*** (0.383)	—	—
highavgccp	—	0.723*** (0.0105)	—	1.571** (0.613)	—	—
edu_avgpublic	—	—	-0.0038 (0.0029)	—	-1.052*** (0.380)	—
highavgpublic	—	—	-0.733*** (0.0128)	—	1.631* (0.872)	—
edu_incineq	—	—	—	—	—	0.0062** (0.0026)
highginib	—	—	—	—	—	0.542*** (0.0381)
age	0.0289 (0.0299)	0.0281 (0.0299)	0.0303 (0.0298)	-1.420*** (0.513)	-1.275** (0.534)	0.0272 (0.0299)
age2	-0.0200*** (0.0062)	-0.0197*** (0.0062)	-0.0202*** (0.0062)	0.122 (0.0980)	0.0947 (0.102)	-0.0196*** (0.0062)
常数项	1.896*** (0.0366)	1.872*** (0.0345)	2.588*** (0.0284)	-11.49*** (1.017)	-11.48*** (1.113)	1.853*** (0.0347)
birthcounty FE	Y	Y	Y	Y	Y	Y
观测值	6020	6020	6020	922	922	6020
R^2	0.512	0.512	0.512	0.768	0.767	0.512

如前所述，鉴于现有年鉴仅公布县及县级市信息，市区信息非常难找，我们依据 CGSS 问卷中的出生时或 16 岁前户口及城市信息，匹配《中国城市统计年鉴》地级市信息，进而得到由出生时或早期经历所在地级市重新构造的户口 *hukoun*、大城市 *largecityn*。在控制受访者年龄及出生地级市固定效应下（除第一列），我们给出出生地计算后的回归结果。如表8-3所示，第一列汇报户口因素对子女受教育程度的影响，后两列为城市规模影响，具体地，第二列汇报全体样本在大城市对社会流动的影响，第三列仅考察东部样本情形。可以看出，第一列回归显示农业户口会降低子女受教育水平，且通过父母受教育程度提升子女受教育程度，也就是说，子女受教育水平会显著正向依赖父母情况，农业户口导致教育维度的社会流动较差。具体而言，*eduyear_ parent* 对数的回归系数 0.146 是直接代际教育弹性，通过户口渠道的间接弹性为 0.0819，强化了父母教育对子女的传递。依据户口平均值 0.747，我们能够算出平均意义上，总的代际流动是 0.7928（=1-0.747×0.0819-0.146）。另外户口本身直接影响子女受教育水平为-0.679，通过父母受教育水平间接影响为 0.0819。观察第二、第三两列，我们发现生活或工作在大城市本身会增加子女受教育程度，而且交叉项系数方向表明还会增强社会流动性，特别是东部地区，城市规模回归系数绝对值更大、更显著。控制变量年龄[①]及年龄的平方均非常显著，简单计算发现，在 24 岁时达到受教育年限顶峰，之前一直平缓上升。这些与经济学直觉和理论预测较为一致。

仔细对照表 8-3 前三列和附表 8-1，控制年龄及地级市固定效应回归后，我们并未发现明显差别，说明户口阻碍社会流动、规模城市加快社会流动的事实是可靠的。表 8-3 后三列是向上流动样本的回归结果，我们注意到直接代际教育弹性和农业户口或大城市交叉项系数绝对值均变小，代际直接或间接影响均减弱，但东部沿海省份依然能够显著促进教育代际的社会流动，且系数绝对值相对全国更大。需要指出的是，我国东部向上方

① 为降低数量级，年龄在回归中除以 20，在此基础上再计算年龄平方。

向的社会流动更为明显且幅度更大的事实区别于当前美国。Chetty 等（2014a）的研究发现，美国社会向上流动程度更高的地区集中于中部广袤地区，这里有关中国的回归结果进一步佐证图 8-2 所述事实。

在控制受访者年龄及出生或早期生活的区县固定效应下，表 8-4 列出了社会流动其他影响因素的回归结果。前两列表明，排序隔离测度（Reardon，2011）所度量的当前周边的收入隔离程度尽管会直接强化子女受教育程度，但能通过父母受教育水平降低子女受教育程度，即收入隔离会阻碍社会流动性，这一效果在东部地区更为明显。第三列显示出区县层面父母平均受教育年限对子女受教育程度的效果，显然，良好的人文环境容易提升子女受教育年限并促进社会流动。第四、第五列考察党员或国有部门工作的外部性对子女受教育水平的影响，结果表明周边地区的父母党员比重越高，或父母国有部门工作比重越高，子女受教育年限越是显著为正，但间接代际教育弹性显著负向，即提升了社会流动性。这一结果较为出乎意料，父母是党员身份或在国有部门工作本是体制内精英，优越的家庭背景尽管能为子女提供良好的受教育条件，事实上也容易延长受教育年限，但父母受教育年限不能简单地正向传递给子女，相反会减弱子女受教育水平，加快了教育维度的社会流动性，很可能显示“教育不过三代”的规律。表 8-4 最后一列为收入不平等影响，对子女受教育程度直接影响不显著，通过父母教育渠道的间接影响显著为正，暗示地理范围的收入不平等会对代际流动性造成负面影响，符合 Blanden（2013）与 Corak（2013）的研究结果。

总而言之，考虑主要解释变量内生性及自选择问题后我们发现，收入隔离交叉项 *edu_ seg* 系数全国看不大显著，但东部地区仍显著为正，表明周边家庭收入隔离程度越高，社会流动性越差。区县层面的平均受教育年限、党员比重、国有部门比重会加快社会流动，收入不平等则会阻碍社会流动性。各因素影响方向同理论或逻辑预测一致。

本节最后考察分方向的社会流动性影响因素，如表 8-5、表 8-6 所示，其中表 8-5 重点考察收入隔离程度的影响，表 8-6 考察平均受教育水平、党员比重、国有企业比重、收入不平等的影响。除表 8-6 第四、第五列考虑向下流动外，其余列均为向上流动。概括地讲，相对表 8-4 总体社会流动结果，控制年龄及区县级固定效应情况下，两表中直接代际教育弹性和通过空间变量传导的间接代际教育弹性系数均变小，表明各因素对社会流动性的影响幅度下降。

具体而言，表 8-5 列出了收入隔离对向上方向的社会流动的影响结果，即仅考虑子女辈教育程度大于父母辈的研究样本。前两列回归结果表明，收入隔离 *edu_ seg* 对子女受教育年限直接影响显著为正，类同不分方向的全部样本结果（表 8-4 前两列）。我们也尝试分别考察 25%分位数的贫困隔离程度 *edu_ seg_ p* 和 75%分位数的丰裕隔离程度 *edu_ seg_ a* 对社会向上流动的影响，结果分别列为表 8-5 第三、第四列，发现贫困隔离指标交叉项系数显著为正，但丰裕隔离指标不显著。这表明低收入家庭隔离对低收入家庭子女在收入分布中向上流动更为不利，类同于美国 Chetty 等（2014a）的结果。

表 8-6 考察其余空间变量对各方向社会流动的影响。一如既往，区县范围的平均受教育年限会增进社会向上流动，但收入不平等会减弱这种流动，分别如第一、第六列所示。第二列至第五列是党员比重和国有部门比重的影响结果。显然，第二、第三列交叉项系数变得不显著，表明曾经社会精英的父母并不能很好地将较高的受教育程度更多地传递给下一代，结合表 8-4 第四、第五列全部样本交叉项较显著为负的事实，可以推断出他们在子女教育层面上很可能开始向下流动。事实上，表 8-6 第四、第五列党员或国有部门工作比重及父母受教育年限之间的交叉项系数均为负，且非常显著，证实这部分群体子女的确向下流动。

四、小结

贫富差距拉大是当前各国不争的事实。中国正处于急剧转型的过渡阶段，诸如贫富不均的社会矛盾突出，按照党和国家高层统一部署，到2020年要消除绝对贫困人口几千万，力争全面建成小康社会，为实现“中国梦”和中华民族的伟大复兴奠定关键一步。如何消除贫困，方式多种多样，促进社会流动是国际通行的重要手段。本章主要基于CGSS微观数据考察社会流动在空间层面的影响因素。在控制户主年龄、地区因素并考虑到遗漏变量等内生性及自选择问题后，回归结果发现，城市层面的人口规模、平均受教育水平、党员或国有部门比重能够加快教育度量的社会流动，但农村户口、收入隔离程度、收入不平等会阻碍社会流动。东部省份相对更为明显，向上流动影响因素类似。本章给出全国范围内社会流动的一些典型化事实，并首次从地理空间视角考察社会流动性的影响因素，既得出了高度符合发达国家经验的结果，也有一些中国特色的新发现。

本章结论具有重要的治理含义。首先，社会流动概念本身需要重新解读。一方面，厘清贫富分化误区事关重要。不同世代收入、教育、社会阶层流动均可视为社会流动，一定程度的社会流动维系整个经济社会的稳定，让底层的家庭子女通过努力能够爬上社会阶梯从而改变父母弱势地位。故诸如基尼系数的静态贫富差距标准尚不能衡量全貌，跨代贫困后果更为严重，给予适度的社会流动性才能消除跨代贫困现象。另一方面，空间层面的社会流动因素值得审视。空间上的社会流动能够增进也可减弱个体间的福利，收入隔离现象对社会流动不利，周边较高的受教育环境则有利于社会流动。其次，政府相关部门应高度关注阻碍社会流动的因素，及时制定具有针对性的公共治理政策。本章研究表明，农村户口、收入隔离程度、收入不平等均会减弱社会流动性。过去20年，印度种姓制度的结构性变革改善了当地社会流动（Hnatkovska等，2013），深化改革我国户籍制度不仅会增强劳动力流动性，同样能够增进社会流动性；美国严重的种族和收入隔离现象阻碍了社会流动（Chetty等，2014a），我国东部沿海地区收入隔离程度较为严重，亟待政府出台贫富融合的公共政策来加快社会流动性；一定程度的收入不平等会给予人们工作激励，但过高的收入不平等不仅造成社会动荡还会破坏社会流动性，故当前实施再分配政策或早期教育均等化政策很有必要。再次，引导社会流动的积极因素，特别是向上流动的因素值得关注。例如，本章及以往文献（Blanden，2013；樊漪等，2013；Fan，2016）均发现，周边教育外部性会加快社会流动以及向上方向的社会流动，这提醒我们，各级政府对基础教育的投资的确能够打破社会僵化、促进家庭代际流动，这种自上而下的公共政策加上普通家庭自下而上的社会流动构成缓解贫困的有效治理路径。当然，文章还发现向下流动现象。父辈曾属于社会精英，具有党员身份、在国有部门工作，但可能伴随福利制度的改革或优越的生活环境的侵蚀，党员或国有部门工作比重较高的地区的家庭子女受教育年限在缩短，竞争力相应在下降。从全社会来看，这种迅速下降的代际教育流动值得深思。最后，本章空间分析社会流动的结论显示，至少教育度量的社会流动在地理空间上呈现很大差别，其本身是地区性（Local）问题，正如 Chetty 等（2014a）提示，今后制定地点为基础的政策（Place-based Policy）而非个人为基础的政策（Person-based Policy）可能更为重要。

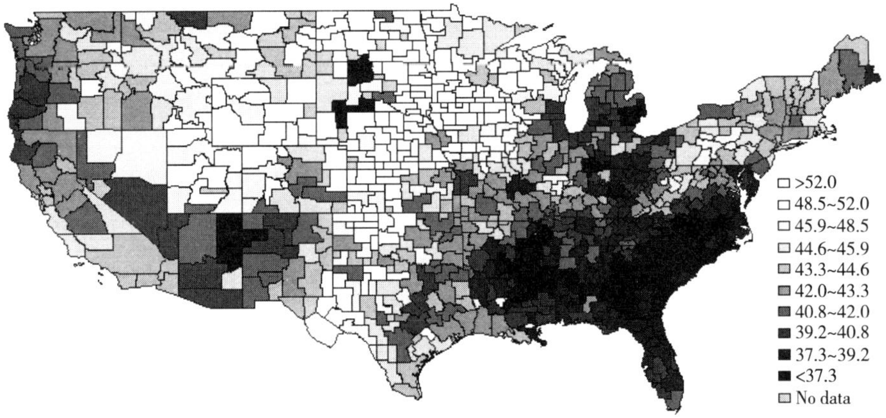

附图 8-1　2012 年绝对向上流动在美国通勤区层面的空间分布示意图

资料来源：Chetty 等（2014a）第 1591 页图 VI-A。

附表 8-1　社会流动影响因素的实证分析Ⅰ（调查地）

	（1）	（2）	（3）	（4）
				东
leduyear_parent	0. 164*** （0. 0116）	0. 111*** （0. 0105）	0. 163*** （0. 0113）	0. 193*** （0. 0231）
edu_hukou	0. 0797*** （0. 0160）	—	—	—
hukou	-0. 792*** （0. 0433）	—	—	—
edu_village	—	0. 0547*** （0. 0158）	—	—
village	—	-0. 695*** 0. 0547***	—	—
edu_largecity	—	—	-0. 0160 （0. 0157）	-0. 0793*** （0. 0270）
largecity	—	—	0. 0593 （0. 0554）	0. 298*** （0. 0826）
age	—	0. 876*** （0. 156）	0. 872*** （0. 158）	1. 073*** （0. 212）
age2	—	-0. 353*** （0. 0348）	-0. 353*** （0. 0352）	-0. 352*** （0. 0480）
常数项	2. 214*** （0. 0491）	2. 247*** （0. 172）	2. 168*** （0. 183）	1. 483*** （0. 235）
province FE	Y	Y	Y	Y
观测值	10979	10981	10981	4351
R^2	0. 195	0. 260	0. 240	0. 233

注：各列被解释变量均为子女受教育年限 *eduyear* 的自然对数值 *leduyear*，括号里的数是其对应稳健性标准差。上标 *、** 和 *** 分别表示在 10%、5%和 1%统计水平上显著。附表 8-2 同。

附表 8-2　社会流动影响因素的实证分析 II（调查地）

	(1)	(2)	(3)	(4)	(5)	(6)
		东				
leduyear_parent	0.147*** (0.0107)	0.107*** (0.0156)	0.185*** (0.0112)	0.160*** (0.0106)	0.165*** (0.0106)	0.145*** (0.0112)
edu_seg2	0.0212 (0.0161)	0.0780*** (0.0254)	—	—	—	—
highseg2	-0.0717 (0.0526)	-0.250*** (0.0681)	—	—	—	—
edu_avgeduyear_parent2	—	—	-0.106*** (0.0153)	—	—	—
highavgeduyear_parent2	—	—	0.509*** (0.0581)	—	—	—
edu_avgccp2	—	—	—	-0.0189 (0.0163)	—	—
highavgccp2	—	—	—	0.279*** (0.0577)	—	—
edu_avgpublic2	—	—	—	—	-0.0401** (0.0163)	—
highavgpublic2	—	—	—	—	0.314*** (0.0639)	—
edu_incineq2	—	—	—	—	—	0.0249 (0.0167)
highginib2	—	—	—	—	—	0.171*** (0.0527)
age	0.870*** (0.157)	1.088*** (0.211)	0.886*** (0.158)	0.869*** (0.157)	0.886*** (0.158)	0.807*** (0.171)
age2	-0.353*** (0.0352)	-0.356*** (0.0479)	-0.358*** (0.0352)	-0.353*** (0.0352)	-0.357*** (0.0352)	-0.338*** (0.0381)

续表

	(1)	(2)	(3)	(4)	(5)	(6)
		东				
常数项	2.252***	1.845***	1.772***	1.985***	1.923***	2.322***
	(0.176)	(0.228)	(0.179)	(0.180)	(0.184)	(0.191)
province FE	Y	Y	Y	Y	Y	Y
观测值	10981	4351	10981	10981	10981	9654
R^2	0.240	0.232	0.251	0.242	0.242	0.233

第九章　总结和讨论

一、总结

2000年以来，房地产业迅猛发展，高房价影响到人们正常的生产和生活，逐渐发育的住房市场关系到千家万户的切身利益。当前的住房市场发展集中了社会经济发展的诸多问题和矛盾，呈现失衡状态：在投资品和消费品上偏向投资品，在民生保障和经济增长上偏向经济增长，在公共品和私人品上偏向私人品，在一般产业和支柱产业上偏向支柱产业，在公共决策和私人决策上偏向私人决策（王军，2012）。然而，回顾中外历史，住房从来都带有公共性，在大国体制下，地方公共财政应由当地住房征税解决（王希岩，2013b）。本书从社会经济学角度考察了城市住房价格及其上涨现状、原因、影响和治理路径，试图抛砖引玉，启迪民智，得出更多公共政策启示。

具体而言，本书分九章内容考察城市住房价格上涨的前因后果及治理途径。第一章是引论，介绍本书研究背景、内容、方法和创新之处等，提出在新常态背景下，经济需要转型，创新包括社会经济学视角、房价上涨与家庭经济互动及治理的近远期思路等观点，以及理论与实证相结合的方法及不同层次的数据三点意思。第二章概括介绍城市住房市场存在发展迅猛、供需结构转变、空间分化、保障性住房稀缺四大特点。第三章先总结住房的消费和投资双重属性，再理论阐释房价房租公式和四象限模型，并通过河北省近期发生的两个典型案例说明本地人对住房的基本需求和外地人对住房的投资需求并存，造成房价奇高、社会不稳。此外，本章还谈到以租代售的共享经济思维，尝试将其引入房地产领域，从供给侧结构性改革视角缓解当前的巨量库存和空置现象。第四章实证考察社区质量如何影响住房价格，发现人力资本和文化资本对社区房价影响显著，而社会资本尚有待进一步研究。第五章实证考察财富不平等对城市房价上涨的影响，发现财富差异越大的居委会，其家庭房价上涨显著越多，但住房多寡无法改变财富差距及其不可解释部分的占比。第六章实证考察房价上涨对城市家庭消费的影响，基本观点是，不同家庭住房数量差异导致消费出现分化，验证了纯财富效应和预防性储蓄假说。第七章实证考察沪渝房产税试点对住房市场和土地市场的综合效果和时间效应，发现开征房产税短期内抬高房价，但幅度会随时间推移而下降，所征税收目前尚无法提供地方财力支撑。第八章实证分析中国空间维度的代际社会流动现象，发现社会流动的积极因素包括人口规模、城市平均受教育水平、党员或国有部门比重，阻碍因素有农村户口、收入隔离程度、收入不平等，认为自上而下的公共教育投入和自下而上的社会流动有利于破解类似住房多寡导致的贫富冲突困境。第九章即本章，总结全书，并讨论调控思路。

二、讨论

综上，当前增加住房持有成本，加大保障性住房建设力度，坚持以民为本理念是解决当前城市住房问题的应有之义。如下首先回顾住房市场调控来龙去脉，其次评论住房调控优缺点，提出房地产应与经济激励相匹配、与宏观实体经济发展相关联、与城镇化模式相一致三条治理思路，最后讨论本书的不足和扩展。

（一）近年住房市场调控回顾

住房市场蓬勃发展，但由房价引发的社会矛盾也愈演愈烈。住房市场的宏观调控政策备受关注。梳理1998年房改后的主要住房公共政策，如表9-1所示。

表9-1　房改后历年重大调控政策汇总

年份	调控思想	国家政策或通知	内容或结果
1998	鼓励	国务院《关于进一步深化城镇住房制度改革加快住房建设的通知》	停止住房实物分配
2002		国土资源部签发《招标拍卖挂牌出让国有土地使用权规定》	建立国有土地出让“招、拍、挂”制度
2003	收紧	国务院《关于促进房地产市场持续健康发展的通知》	首次明确房地产已成为国民经济的支柱产业
		国务院《关于促进房地产市场持续健康发展的通知》	房地产市场定位由以经济适用住房为主转变为普通商品住房占主导地位
2004		《经济适用住房管理办法》	首次规范管理经济适用房
		国土资源部、监察部联合下发《关于继续开展经营性土地使用权招标拍卖挂牌出让情况执法监察工作的通知》；央行十年来首次上调存贷款利率	正式叫停以协议出让经营性土地的做法；使用金融手段
2005	持续收紧	国务院出台《关于切实稳定住房价格的通知》（老国八条）；《关于做好稳定住房价格工作的意见》（新国八条）	引导和调控房地产市场
2006		国务院常务会议“国六条”；国务院出台《关于调整住房供给结构稳定住房价格的意见》（90/70政策）	重点发展中低价位、中小套型普通商品住房、经济适用房和廉租住房，解决收入夹心层住房问题

续表

年份	调控思想	国家政策或通知	内容或结果
2007	持续收紧	央行五次加息，二套房首付比不得低于50%；国务院出台《关于解决低收入家庭住房困难的若干意见》	金融手段遏制房地产市场过热；切实解决低收入家庭住房困难问题，首次将解决低收入家庭住房困难工作纳入政府公共服务职能
2008	刺激	国务院出台《关于促进住房市场健康发展的若干意见》（国十三条）	为应对金融危机，调控转向，进一步扩大内需、促进经济平稳较快增长，加大保障性住房建设力度
2009		国务院常务会议“国四条”；出台《中华人民共和国房产税暂行条例》	增加供给、抑制投机、加强监管、推进保障房建设；使用税收手段，规定外商投资企业、外国企业和组织及外籍个人应缴纳房产税
2010	收紧	国务院出台《关于坚决遏制部分城市房价过快上涨的通知》（国十条）	要求强化差别化住房信贷政策，采取有效措施增加普通商品房供给。做好保障性住房建设和管理工作，限购、限贷开始
2011		国务院常务会议“新国八条”；央行五次上调存款准备金率；房产税在沪渝试点	继续有效遏制投资投机性购房，促进房地产市场平稳健康发展；住房持有阶段开征房产税
2012		国务院常务会议审议政府工作报告关于“继续严格执行并逐步完善抑制投机投资性需求的政策措施，促进房价合理回归”；央行三次下调存款准备金率	—
2013		国务院常务会议“国五条”	通过价格预期管理等手段，抑制投机投资性需求，增加保障性住房供给，提高住房二级市场交易成本

续表

年份	调控思想	国家政策或通知	内容或结果
2014	刺激	出台《不动产登记暂行条例》；央行出台《关于进一步做好住房金融服务工作的通知》；鼓励分城施策	将用四年时间建立有效运行的不动产登记信息管理平台；统一调控时代基本结束，各地自行放开限购
2015		财政部对两年二手房交易免营业税、央行降息和首付比例	进一步放开限购、限贷
2016	收紧	中央经济工作会议探讨2017年中国楼市发展方向	定位住房居住属性，综合运用金融、土地、财税、投资、立法等手段，加快研究建立符合国情、适应市场规律的基础性制度和长效机制
2017		住建部和中国国土资源部共同签发《关于加强近期住房及用地供应管理和调控有关工作的通知》（建房〔2017〕80号）	从供给侧入手，要求各地根据库存和人口状况，提出不同调控要求；灵活确定土地竞价方式，严防高价地扰乱市场；加大住房保障力度，强化地方主体责任
		住建部等八部委联合发布《关于在人口净流入的大中城市加快发展住房租赁市场的通知》（建房〔2017〕153号）	从供给侧入手，要求在人口净流入的大中城市搭建政府住房租赁交易服务平台；支持相关国有企业转型为住房租赁企业

资料来源：综合周京奎（2016）第329页表15-1、倪鹏飞（2015）第281页表14-2以及最近政策汇总。

我们注意到，住房市场调控伴随经济周期波动，房价在“刺激—收紧—刺激”中不断攀升。自住房货币化改革以来，中央政府将房地产业定位为国民经济的支柱产业，不定时地应用各种手段循序渐进地培育房地产：一方面繁荣商品房市场，为地方政府提供预算外收入；另一方面通过发展保障性住房抑制房地产过热，逐步促成房地产市场平稳健康发展，形成目前过度化发展的商品房和滞后建设的保障性住房的并存格局。另外适时推出房产税试点，以致逐渐替代地方土地财政。不动产统一登记工作为房地产税开征奠定了坚实的大数据基础，乃至为国家宏观调控、制定科学决策提供了资料支撑。在供给侧结构性改革背景下，住房市场调控也有所反映。北上广深等一线城市房价飞涨，三、四线城市住房库存压力大，这些住房市场空间分化的事实要求各级政府和部委分类调控、因城施策、各城联动。

2016 年底召开的中央经济工作会议明确了未来房地产市场发展方向，“坚持‘房子是用来住的，不是用来炒的’的定位，综合运用金融、土地、财税、投资、立法等手段，加快研究建立符合国情、适应市场规律的基础性制度和长效机制，既抑制房地产泡沫，又防止出现大起大落”。这些最新会议精神印证了 1998 年房改总规划师——朱镕基总理的指导思想，即“住房问题关系到人民群众的切身，是一个非常重要的问题”，故应毫不犹豫地“防止房地产热和房市泡沫”（沈晓杰，2016）。2017 年初，住建部和国土资源部联合发文，明确落实“房子是用来住的，不是用来炒的”，根据去库存情况调整用地供应，改善市场预期。2017 年中，住建部八部委又联合发布在房价快速上涨的城市实施租售并举的文件，积极发展住房租赁市场，倡导租售同权，努力压缩住房资产泡沫，回归居住本性，促进住房市场平稳、健康、有序发展。

（二）调控思路探讨

从以上住房市场调控回顾中我们清楚地认识到，在中国当前发展阶段，住房关乎国计民生，既是经济问题，又是社会问题（郑永年，2016），甚至是政治问题（成思危，2011）。以往限购、限贷等行政调控手段在住房市场配置中发挥了非常大的作用，导致房价陷入越调越高的怪圈。实际上，调控困境源于政府的相机抉择特征和调控目标的摇摆性，政府徘徊在保增长和就业与经济过热之间，故重建中央政府的调控声誉，才能实现中央与地方博弈的“动态一致性”（徐春华，2012）。关于政策效果，学术上证实，限购仅有限降低房价（王敏和黄滢，2013），地方政府对首付比例政策的执行效果较差，未能完全起到住房调控作用（叶光亮等，2011）。还有观点指出，我国全局性房价上涨反映市场价格发现功能，故政府调控短期有效，但并未能真正阻断市场住房需求（李永友，2014）。朱国钟和颜色（2013）的数值模拟研究得出，这些调控政策会抑制住房消费从而降低房价并推高房租。据西南财经大学中国家庭金融调查与研究中心系列报告和研究实际测算，限购、限贷、公积金新政、降息等调控政策在没有改变人们预期的情况下，影响人群和效果非常有限。因此，上述住房调控的行政和经济手段均属权宜之计，2017 年前基本在“调需求”，可谓治标不治本。

事实上，长期以来城市化是促进经济增长的重要手段（范剑勇和莫家伟，2013）。各级政府对房地产行业的乐观扶持和过度依赖，直接推高地价从而导致房价高企（宫汝凯和黄宗远，2012），充裕的资金助推部分城市房价暴涨，导致各地冰火两重天：北上广深等一线城市房价飙升，同时存在严重的资产泡沫和旺盛的刚性需求；三、四线城市则住房库存去化周期漫长，人口净流入和新增产业不容乐观。这些事实启示我们，加快实施住房领域的供给侧结构性改革步伐，大幅度减少各级政府对房地产资源的直接干预和配置，急需市场在住房资源配置中发挥决定性作用，构建房地产市场长效机制。原重庆市市长、现第十二届全国人民代表大会财政经济委员会副主任黄奇帆曾于 2017 年 5 月 26 日晚在复旦大学做题为《建立房地产长效机制若干思考》的演讲，主要内容刊于 5 月 31 日的《第一财经日报》的《建立房地产调控五大长效机制》一文。他所提五大机制包括土地、金融、税收、租赁市场和地票制度，土地治理又包括控制土地供应总量、控制用地结构比例和控制拍卖土地价格，金融治理包括坚守开发商自有资金拿地底线、坚决防止开发商多账户借款、认真管好住房按揭贷款。这些措施均是重庆经济改革成功的经验总结，是符合我国国情、适应市场规律的基础性制度和长效机制的先行探索，是基本可以推广到全国其他地区的。

理论上讲，供给经济学派重新发现萨伊定律，确认生产的增长决定于劳动力和资本等生产要素的供给和有效利用，鼓励从供给角度扩大生产并激励创新（柴国俊和李建平，2017）。供给管理的核心就是增加并优化劳动、资本和企业家精神，进而增加总供给，进而使得全社会财富增加（魏杰和杨林，2016）。自古以来，中国长期具有供给管理的思想，直到20世纪90年代才被凯恩斯的需求管理理论短期占优（苏剑，2016）。英、美等国的供给管理理念和实践在20世纪70年代甚为流行，英国撒切尔夫人和美国前总统里根几乎同时减税或私有化，成功实施了供给学派思想，并逐渐走出经济滞胀困境（魏杰和杨林，2016）。当前，生产成本上升、技术进步方式变化、投资收益率下降、出口导向型增长导致中国经济进入新常态。从战略上讲，在经济新常态下，我国应适度降低经济增长目标，深化改革，加快产业结构调整和自主创新，实行供给和需求双扩张的政策组合，在需求管理方面，实行货币稳健或小量紧缩、财政扩张的政策组合，他们由此不建议采取大规模的扩张性政策，而是建议采取以供给管理为主、需求管理为辅的定向“微刺激”政策体系，在努力促进经济增长和保证就业的同时，尽可能地促进结构调整（刘伟和苏剑，2014）。持续中国供给侧结构性改革存在“宏观政策要稳、产业政策要准、微观政策要活、改革政策要实、社会政策要托底”五大政策支柱，以及“去产能、去库存、去杠杆、降成本、补短板”五大重点任务（龚雯等，2016）。当然，这里供给侧改革并非“一刀切”，而是结构性调整。

房地产领域的供给侧结构性改革至少包括两种实践。一方面，2016年初实施的房地产企业“营改增”工作进一步强化了央地关系，切实降低了房地产企业税收，真真实实起到了降成本的效果。另一方面，三、四线城市的住房库存剧增构成盘活住房市场资源的主要任务，鼓励农民工进城购房措施的确加速了住房库存去化周期，共享经济的思维越来越应用到房地产领域，催生的以租代售企业平台进一步盘活了住房租赁市场，有效降低了住房空置率。从需求到供给调控，是人们理念的革新，是政府职能的转换。本书认为，除了官方提倡的进行房地产领域的供给侧结构性改革之外，治理当前城市住房市场还要短期内开征房地产税收，长期内关注代际流动。具体而言，房地产业在国民经济的支柱地位应与经济激励相匹配、与宏观实体经济发展相关联、与城镇化模式相一致。

1. 经济手段

以往调控住房市场的手段更多是自上而下的行政命令，上行下效，符合“集中力量办大事”的思路，但带有强制性，且目标不精准，效果自然大打折扣。这固然有计划经济的历史影响，也或多或少反映出理工学科的强势和经济学科的弱势。从雄安新区的规划到房地产市场容量估算和开发，建筑、规划等工程类相关人员的声音非常强大，他们几乎主宰了理论界和实务界。由于市场经济发展时间较短，中国整体的市场经济素质还有很大提升空间，需要一代代经济工作者不断努力，持续地将经济学理论引进、消化并生根发芽，更好地指导中国经济实践。

经济手段更多将主动权赋予市场主体，通过制度设计提供激励机制，属于自下而上的变相运行方式。例如第六章的房产税问题，《城镇住房空置率及住房市场发展趋势》有关章节曾利用 CHFS 微观数据做过大量系统的测算。他们的主要观点是，认为当前土地财政难以为继，沪渝房产税试点不足以支撑地方财政，还设计对当年新房征税、对所有存量房征税和对存量多套房征税三种方案，利用经济学原理给出了严谨而科学的成本收益分析。长期来看，针对住房开征房地产税是不可避免的。短期内实施房贷税亦是不错的选择。按照甘犁（2012）的建议，政府可放开二套房的贷款利率，对贷款利息征收 10%的按揭税，即事实上的房贷税。该做法运用信贷杠杆和价格信号原理，可操作性强，易获得社会认可，能抑制住房投资投机需求，对降低金融风险有好处，还可在一定程度上补充地方财政。再如，本书核心章节的研究隐含地告诉我们，要重视市场主体的自主性，避免城镇化进程中低收入阶层受到排斥和侵害，新型城镇化从权力驱动走向权力主导（于建嵘，2013）。

经济手段并不排斥保障性住房的建设，恰恰会加快当前保障性住房建设进程。政府给房地产开发商若干配建优惠政策，协助做严格的监理，会激发他们这类住房的开建动力。探索新型政企合作的模式，减少地方政府建设保障性住房的财政支出是未来方向。新加坡80%以上公民居住在租屋里，得益于建屋发展局HDB的积极作为和市场行为（王松涛等，2008；符育明，2010a）。HDB完全同意房地产商突破原有土地管制和规划，只要按差额缴纳开发费（DeveLopment Charge）即可，这笔费用又以住房保障支出的形式返还居民。再如第七章所述，MTO项目是美国政府为改善贫困家庭居住环境而进行的社会实践。他们在1994~1998年对巴尔的摩、波士顿、芝加哥、洛杉矶、纽约五个大城市的做法是，针对贫困家庭发放租房券（Housing Voucher），鼓励这些家庭拿着租房券去贫困率低的社区居住。5~7年的中期评估结果是，相对控制组，该项目的确降低了实验组家庭成年人的压抑状态和肥胖现象，提升了居住安全性，但对家庭就业和收入以及未成年人教育影响较小，当然性别差异也很明显（Ludwig等，2001，2005；Kling等，2005，2007）。10~15年的长期评估结果除了类同以上中期效果外，还对降低贫困率和提升满意度有帮助（Ludwig等，2012，2013）。正如甘犁（2013）提醒的，MTO项目对当前中国住房市场的启迪是，通过鼓励年轻家庭租房行为，能够活跃住房租赁市场，盘活存量房资产，缓解房价上涨压力。

上述调控住房市场的经济手段能够激发住房市场主体的积极性，适应市场经济运行规律，符合市场在资源配置中起决定性作用的中央精神，值得中国各级政府思量。

2. 实体经济

实体经济与虚拟经济相辅相成是基本道理。倘若房地产融资流动性和市场流动性过剩，就会推动房价上涨（廉永辉和张琳，2015）。住房价格的暴涨暴跌，会给国民经济的运行带来损害。故应加强房地产市场的预期管理，采取推行精装房、设置住宅空置税、活跃房产租赁市等措施主动治理房地产经济（田利辉，2014）。

如图 9-1 所示，我们观察到，这些年住宅商品房平均销售价格与人民币对美元名义汇率走势大体一致，汇率比房价略先行。这突出地反映了我国住房市场的重要特征，即房价高度同方向关联于中美汇率：当汇率或人民币币值下跌时，美元升值，则外汇减少，央行被迫收回流动性，国内通货膨胀压力减小，房价下跌；当汇率或人民币币值上涨时，大量热钱涌入中国，央行被迫发行人民币强制结汇，进一步造成国内通货膨胀，过剩的资金流入楼市推高房价。这正是著名经济学家许小年 2013 年的观点，他指出，房价问题是一个综合的经济问题，需要全盘考虑。他甚至认为，房价涨不涨并不取决于政府调控，而取决于人民币对美元的走势。在汇率走高时，央行发行更多人民币，造成流动性过剩，虚拟经济远超实体经济，过剩的货币流到哪里，哪里就会产生资产泡沫。近年来充足的资金大量流入房地产领域，住房越来越具有投资属性，房价飞涨成了不争的事实。据新华社报道，2016 年部分一、二线热点城市房价飙升，其背后与巨额资金涌入楼市直接相关，同当年宏观货币政策、微观信贷政策具有直接关系。[①] 图 9-2 和图 9-3 验证了货币供给量和新增人民币贷款与当前住宅商品房销售价格走势高度一致。不过，北京大学经济学院苏剑教授在 2017 年 4 月 23 日黄埔书院书友会题为“解读中长期经济形势”的演讲中指出，近期关于中国是该保外储还是保汇率的确争论很大，但鉴于中国严格的外汇管制制度，汇率因素和房价因素被隔离开，认为目前保房价和保汇率不存在“跷跷板问题”。尽管如此，从另一视角而言，人民币相对美元在 2005 年以来不断升值，吸引大量境外资本以直接投资或证券投资的方式进入中国房地产领域，2014 年投资达到 346.26 亿美元的历史高位，这进一步推高了房价。

---

① 韩洁，王优玲．中央经济工作会议明确楼市发展方向．新华网 2016 年 12 月 16 日，http：//news.xinhuanet.com/fortune/2016-12/16/c_ 1120134160.htm.

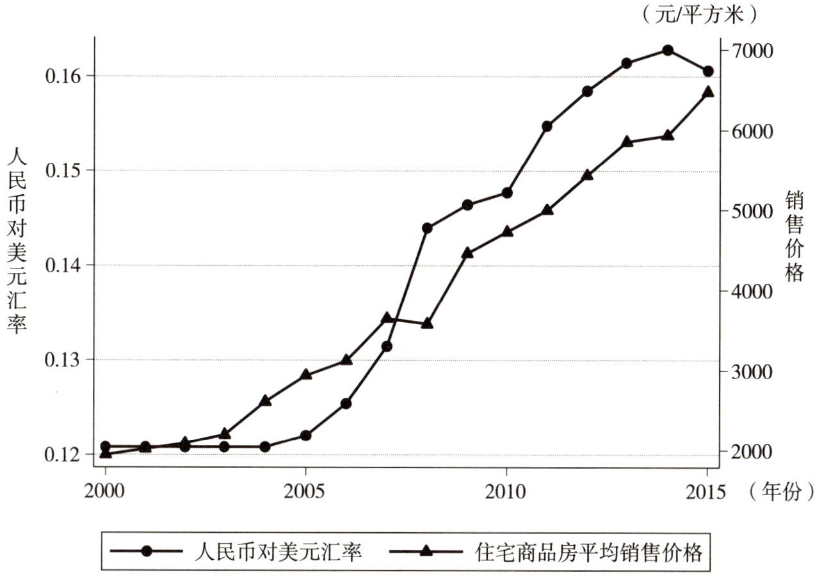

图 9-1　近年人民币对美元汇率与住宅商品房平均销售价格趋势对照

资料来源：住宅商品房平均销售价格来自国家统计局网站，人民币对美元汇率来自 Wind 资讯数据库。

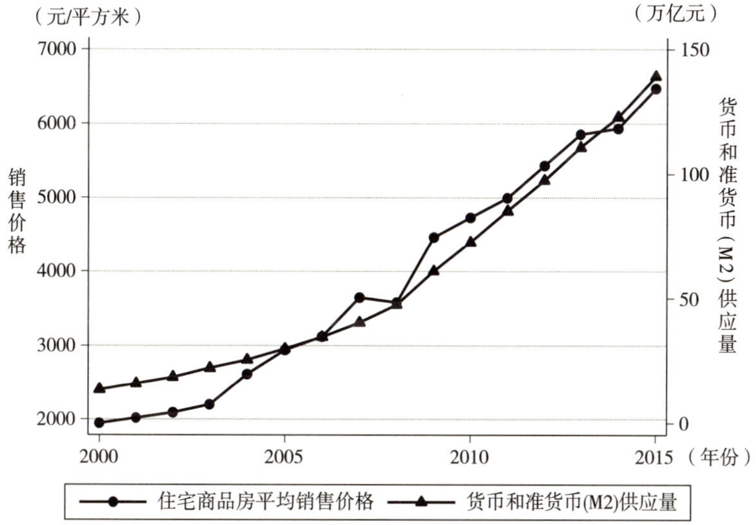

图 9-2　近年住宅商品房平均销售价格与货币供应量趋势对照

资料来源：作者依据国家统计局数据绘制。

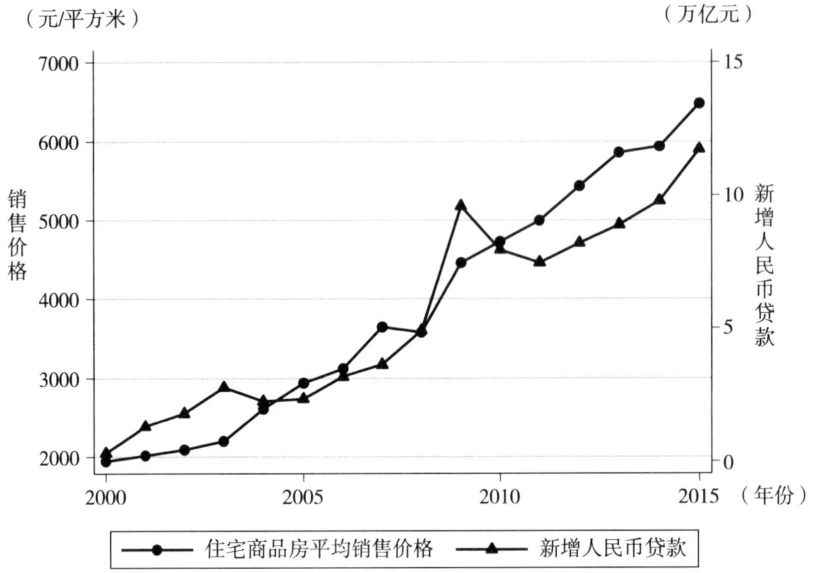

图 9-3　近年住宅商品房平均销售价格与新增人民币贷款趋势对照

资料来源：住宅商品房平均销售价格来自国家统计局网站，新增人民币贷款来自 Wind 资讯数据库。

对此，2016 年底的中央经济工作会议就明确提出，2017 年要在宏观上管住货币、微观信贷政策要支持合理自住购房，严格限制信贷流向投资投机性购房。事实上，对照近几年的广义货币（M2）供给量、新增人民币贷款和住房销售价格的变化（见图 9-2、图 9-3），发现二者走势惊人地相似，尽管 M2 供应量在 2014 年以来稍有背离，利用理财资产更为适宜。这里的新增人民币贷款超过 1/4 投在了房地产开发贷和个人住房按揭贷上。

近些年，我国政府和央行运用财政政策和货币政策手段，持续推行凯恩斯的需求管理做法，经济增长明显，达到了国富民强的目的。然而，长期的货币宽松政策导致流动性过剩，充裕的信贷资金过度地流入股市和楼市，造成实体经济泡沫。[①] 为此，国家提出供给侧结构性改革思路，将去库存和去杠杆确定为2016年经济工作五项中心任务之二，商品房市场是去库存、去杠杆的重要场所，政府可对棚户区改造户实施货币化安置或房票制度（余呈先，2016），政府还可回购库存住房作为棚改福利房（甘犁，2015），激活租房市场来消化住房空置现象不失为好的建议。另外，我们认识到各大城市住房空置率高的现象与住房持有成本过低有关，故开征房产税是解决住房市场资源扭曲的重要经济手段。长远来看，弱化房地产业的国民经济支柱产业地位，减少地方政府对土地财政的过度依赖，寻找具有可持续发展的新的增长点，转变经济发展方式事关重要。合理引导过剩的资金流入战略性新兴产业，解决中小企业乃至小微企业融资困难问题，才能真正盘活实体经济，安定民生。[②]

长期以来，工业用地出让面积超过住宅用地，低价出让工业用地促进制造业出口，制造业出口换取外汇，央行发行人民币对冲，大量投放货币进一步抬高房价。现在工业用地地价已经没有之前的优势，制造业出口也没有比较优势。因此，转变经济增长方式、强调创新驱动，既是当务之急又是长效机制。

3. 城镇化模式

城镇化发展模式在学术界一直争论不休。我国当前城镇化道路设计主要来自著名社会学家费孝通先生的理论和实践成果（费孝通，2010）。费孝通早期创作《乡土中国》《江村经济》，其淋漓尽致地分析了中国传统乡村差序格局和原生态系统，一时“洛阳纸贵”，影响了几代社会科学工作者。改革开放以来，费先生走南闯北，重新活跃在学术界，认为20世纪80年代的乡镇企业可以解决现代工业化问题，提出“离土不离乡”和

① 有文献还指出，利率上调和住房价格上涨同步，这种“房价之谜”的原因是，价格型货币政策与目前难以抑制的房价上涨具有正相关关系（李善燊和沈悦，2012）。

② 范言慧等（2013）曾指出，中国资源过度集中到房地产业造成这种不可贸易品价格上升和本币升值，从而削弱了本国出口产品竞争力。因此，加大力度扶持制造业研发和创新，避免引发新的资源过度集中，是去除这种“荷兰病”的重要思路。

“离乡不背井”这两种方式可作为解决我国城镇化的具体途径，先后提炼出“苏北模式”“温州模式”“珠江模式”等经验。他总结这种“小城镇、大战略”思想，提出一条“以小城镇为主，大中城市为辅”、有中国特色的农村城镇化道路，并深深地影响了决策部门。现实表现为，中国中小城市大量存在，大城市既少又小。北京、上海两个特大城市人口分别超过2100万人和2400万人，但仅占全国人口的1.6%和1.8%，远远低于同是东亚国家的东京和首尔，后两者比例分别达30%和50%。不同规模城市的分布具有客观规律性，即一个城市的位序与其人口规模的乘积等于一个国家或地区首位城市的人口规模，被称为Zipf定律。各国的实证结果不尽相同（Soo，2005），美国更符合类似规律（Black和Henderson，2003）。具体城市规模取决于集聚经济和拥挤效应的权衡：当前者大于后者时，城市扩张；当前者小于后者时，城市缩小。

大量研究表明，中国大城市不是太大，而是太小（Au和Henderson，2006；张车伟和蔡翼飞，2012），大城市数目不是太多，而是太少（王小鲁，2010），存在效率扭曲和损失（陆铭，2013）。[①] 北京大学经济学院苏剑教授强烈批评了当前的人口政策，认为中国缺乏一个城市人口的退出机制，不允许或不鼓励人们自由流动，这同当前的社会保障体系和其他福利体系有关（苏剑，2016）。事实上，中国户籍制度极大地制约了劳动力的流动，损失了劳动生产率，不利于城市层级体系的优化（梁琦等，2013；陆铭，2013，2016）；建设用地指标的行政配置是造成土地效率损失的重要原因（陆铭，2013，2016）。利用中国城市数据估算幂指数 α 发现，2010年之前是以中小城市扩张为主导，2010年之后演变为以大城市扩张为主导（张车伟和蔡翼飞，2012）。因此，现阶段进一步改革户籍制度以降低劳动力迁移成本，对优化城市体系事关重要。就房地产市场而言，要想

① 事实上，“大城市病”不是城市规模大小的问题，是当前体制和机制问题（林家彬，2012）。当然，作为学术讨论，也有不同的结论。例如，范红忠等（2013）研究发现，在建设新型城镇化进程中，限制一线城市的过度扩展，发展中小城市，是降低当前城市居民收入差距的重要途径。

提升大城市的生产效率，土地供给制度创新变得很关键。范剑勇等（2015）的研究指出，中国政府通过压低农民工住房条件并降低工人对工资增长的要求，同时低价甚至免费提供工业用地以招商引资，促进出口工业的发展和就业增长。这同新加坡、中国香港等经济体政府建造保障性住房来降低劳动力成本，以发展外向型经济的做法如出一辙。陆铭等（2015）也指出，东部土地供给受限，导致房价上涨，甚至高于外来劳动力工资上涨速度，故挤压了这些劳动力的城市空间，丧失了劳动密集型产业的比较优势。

在经济新常态背景下，需要我们重新思考城镇化模式，及时将“中小城镇”战略调整为“大都市”及“城市群”战略。城镇化内生，才能让生产要素在实现价值过程中穷尽集聚经济，才能持续（文贯中，2014）。过往低成本的城镇化模式和不可持续的工业化做法亟须退出，以人为核心的新型城镇化和注重可持续发展的新型工业化实践呼吁我们打破土地一级市场垄断，取消经营性土地储备制度，允许农村集体建设用地直接入市，扩大国有上地供给（倪鹏飞，2016）。在此基础上，积极探索建设用地指标制度创新，土地配给量进一步向用地量较大的东南沿海地区的城市倾斜，增加这些城市建设用地指标，减少中西部地区城市用地指标；允许省内土地占补平衡、增减挂钩的传统做法，鼓励跨省交易建设用地指标，进一步提高土地利用效率（陆铭和陈钊，2009；陆铭，2011）。未来几年，可根据人口流动情况分配建设用地指标，进一步落实人地挂钩政策。分城施策，因地制宜，房价上涨压力大的城市要合理增加土地供应，提高住宅用地比例，盘活城市闲置和低效用地，以实现房价和工资的空间再均衡。上海交通大学中国发展研究院“中国经济开放论坛”在2016年5月组织召开的“房地产与城市群发展”研讨会上，多位专家各抒己见，同时达成共识，即在房价快速上涨的东南沿海一、二线城市应增加土地供给，在中西部地区的三、四线城市应收紧土地供应，实现土地供给和人口流动方向的匹配是解决当前不同层次城市的住房市场分化的有效措施（陈杰等，

2017)。根本上讲，配套改革当前分税制和税制结构，转变土地财政运行模式，让中西部地方政府财政不紧张，土地供给多寡就会同这些地方政府的利益脱钩，并逐步同人口净流动相联系，最终理顺各区域、各层次房价的变化。

更长远看，住房市场供需失衡，表明包括政府的市场主体对房产的财富再分配不合理。正如本书第四章和第七章所阐释的，社区人力资本对住房价格具有正影响，解决财富差距的重要手段是教育，是通过人力资本投资来提升代际流动，打破贫困代际传递，让更多的穷人具有社会归属感和凝聚力，让他们看到希望并攀上社会阶梯。只有这样，广大中低收入家庭才能安居乐业，真正实现全面小康社会和中华民族的伟大复兴。

（三）本书不足与改进

本书先后探讨了社区质量如何影响住房价格、财富差距对房价上涨的作用、房价上涨怎样影响家庭消费、财富差距如何扩大了住房价格上涨、沪渝开征房产税的经验和空间维度的社会流动问题。总体而言，本书既有房地产经济学理论逻辑，又有 CHFS 等数据回归支撑，但仍不可避免地存在缺陷和不足。现将核心章节的不足分别罗列如下：

第四章主要参考 Fu（2005，2008），首次尝试利用已有的大规模调查问卷数据从社区质量环境角度对国内房价进行实证研究，得出一些与发达国家类似而又有差异的结论，理论基础明了，方法简单易懂。但该章还是不可避免地存在一些问题值得讨论。例如，人们依据自身职业、收入和教育状况采取自主分层居住是一个普遍的社会现象。虽然已利用面板数据结果显示这种内生选择问题当前并不显著，但仍不能完全排除，这尚需更多更严谨的实证研究。再如，限于数据原因，文章远未能像利用人口普查数据那样得出更为细致、更为信服的结论，特别是房价（租）衡量问题可能有主观偏差，值得改进。对经济转型和快速城镇化如何影响社会资本进而影响社区住房价格的机理尚值得深入研究。另外，该章对靠近车站房价高低的讨论也不失为一个有趣的研究课题。

第五章考察了财富差距和房价关系。由于数据限制，本章仅探讨了2011 年的情形，未能及时跟进 2013 年、2015 年的变化。事实上，长时期地跟踪家庭财富演变能发现很多有趣结论，如 Saez 和 Zucman（2016）对美国消费者金融调查数据充分挖掘后发现，除 20 世纪大萧条时代，财富不平等一直是上升的。当然，也未能分一、二、三线城市分别进行实证研究，日后期待做更多的拓展和研究。

第六章由于横截面数据和样本量的局限性，关于房价上涨对家庭消费的实证分析无法完全控制来自家庭等不可观测的因素，回忆性调查方式和住房改革的自然实验以及稳健性检验可能缓解部分遗漏变量方面担忧，但得出的实证结果仍需更多证据支撑和进一步验证。

第七章指出住房治理的房产税途径，不足之处可能在于内生性。尽管已利用 DID 模型去除共同的时间趋势等遗漏变量，并控制城市年份异质性，但受数据所限，尚无法找到外生的工具变量消除选择试点城市本身导致的估计偏误（Selection Bias）。相对而言，Bai 等（2014）借鉴的 Hsiao 等（2012）方法在这一点上对模型假定要求较弱。当然，本章随后基于合成控制法的讨论能够放松平行假定，更精确地度量上海房产税试点的真实效果。

第八章是住房治理的另一途径，即社会流动。值得指出的是，该章仅给出社会流动空间维度的一些决定因素的特征性事实，并未专门讨论某个变量细节。我们的开拓性尝试可能会为后续研究提供跟进方向和思路，期待在这一领域积累更多细致的理论和实证研究成果。当然，在数据充裕的情况下，从时间维度考量社会流动规律（Chetty 等，2014b；Sun 等，2014）同样需要拓展。

过往近 20 年，我国房地产开发投资构成城市经济增长的发动机，政府公共政策须按以人为本的城市化共识来引导土地资源的开发与分配（符育明，2010a）。根据 Roback（1982）的研究，大城市高房价事实一方面反映了改革开放的经济成就和生活质量的提升，另一方面是区域经济发展两极分化和优质教育、医疗等公共资源高度集中的体现，而区域发展不平衡由出口、投资过度而内需不足导致（符育明，2013）。解决住房市场顽疾需要联动改革金融市场、土地市场和劳动力市场，加速生产要素一体化进程，需要转变经济发展方式和政府职能重心（林家彬，2012；范剑勇和莫家伟，2013），切实做到以人为本和可持续发展。一座城市住房市场如此，一个区域经济体住房一体化亦如此。京津冀协同发展、“一带一路”、长江经济带发展如此，具有“千年大计、国家大事”地位的雄安新区建设亦如此。这些均是当前住房问题的重要方面，与我国发展阶段和体制有关。鉴于研究重点和精力有限，本书仅从经济学和社会学视角给出理论和热点解读，未能从政治学维度对企业和政府做更多探讨，期待日后利用中国特色的政治经济学框架研究日新月异的房地产市场，同时呼吁更多的研究者就此深耕细作。

参考文献

[1] 爱德华·格莱泽. 城市的胜利 [M]. 刘润泉译. 上海：上海社会科学院出版社，2012.

[2] 白重恩，李宏彬，吴斌珍. 医疗保险与消费 [J]. 经济研究，2012 (2)：41-53.

[3] 白露. 信息经济条件下环境价值评估的经济模型研究 [J]. 情报科学，2004 (4)：428-430.

[4] 白文周，刘银国，卢学英. 沪渝房产税扩围房价效应识别——基于反事实分析的经验证据 [J]. 财贸研究，2016 (1)：70-79.

[5] 北京大学国家发展研究院综合课题组. 还权赋能——成都土地制度改革探索的调查研究 [J]. 国际经济评论，2010 (2)：54-93.

[6] 北京大学国家发展研究院综合课题组. 更新城市的市场之门——深圳化解土地房屋历史遗留问题的经验研究 [J]. 国际经济评论，2014 (3)：56-71.

[7] 边燕杰. 城市居民社会资本的来源及作用：网络观点与调查发现 [J]. 中国社会科学，2004 (3)：136-146.

[8] 蔡洪斌. 中国经济转型与社会流动 [J]. 比较，2011 (2)：1-14.

[9] 柴国俊. 大学毕业生初始工资结构研究 [M]. 北京：中国社会科学出版社，2012.

[10] 柴国俊，邓国营，符育明. 基于空间视角的中国社会流动考察

及治理［J］. 劳动经济评论，2017（2）.

［11］柴国俊，李建平. 开放性县域房产市场有何不同？——以张家口崇礼近期房价变动为例［J］. 经济资料译丛，2015（3）：37-43.

［12］柴国俊，李建平. 当前出境购物旺盛现象的供给侧分析与对策［J］. 经济与管理，2017（6）：35-38.

［13］柴国俊，王希岩. 开征房产税能够降低房价并替代土地财政吗？［J］. 河北经贸大学学报，2017（6）：55-62.

［14］柴国俊，尹志超. 住房增值对异质性家庭的消费影响：CHFS 证据［J］. 中国经济问题，2013（6）：67-76.

［15］陈斌开，杨汝岱. 土地供给、住房价格与中国城镇居民储蓄［J］. 经济研究，2013（1）：110-122.

［16］陈海航，王晓雨. 中国保障性住房政策与法律事务应用工具箱（第二版）［M］. 北京：法律出版社，2013.

［17］陈恢忠. 市场过渡期中国大城市居民职业地位获致中的先赋因素与自致因素［J］. 管理世界，2005（1）：70-76.

［18］陈杰. 判断房地产泡沫的前提是对房地产价格走势要有个正确的衡量方式［N］. 中国房地产报，2005-10-24.

［19］陈杰，陆铭，黄益平，潘英丽. 房地产与城市发展问题及对策［M］. 北京：中信出版社，2017.

［20］陈小亮，陈彦斌. 城镇家庭房产持有不平等的形成原因与调整思路［J］. 人文杂志，2014（7）：30-38.

［21］陈训波，周伟. 家庭财富与中国城镇居民消费：来自微观层面的证据［J］. 中国经济问题，2013（2）：46-55.

［22］陈彦斌，邱哲圣. 高房价如何影响居民储蓄率和财产不平等［J］. 经济研究，2011（10）：25-38.

［23］成思危. 实现“住有所居”应是房地产宏观调控的主要目标［J］. 中国国情国力，2011（9）：4-5.

[24] 崔裴，胡金星，周申龙. 房地产租赁市场与房地产租买选择机制——基于发达国家住房市场的实证分析 [J]. 华东师范大学学报（哲学社会科学版），2014（1）：121-127.

[25] 崔裴，严乐乐. 住房租买选择机制缺失对中国房地产市场运行的影响 [J]. 华东师范大学学报（哲学社会科学版），2010，42（1）：108-113.

[26] 邓国营，柴国俊，邓富民. 住房价值与社区质量——基于城镇住户微观数据的实证研究 [J]. 财贸经济，2011（9）：99-106.

[27] 邓国营，甘犁，吴耀国. 房地产市场是否存在“反应过度”? [J]. 管理世界，2010（6）：41-49.

[28] 邸玉娜. 代际流动、教育收益与机会平等——基于微观调查数据的研究 [J]. 经济科学，2014（1）：65-74.

[29] 董晓芳，傅十和. 从“配给”到“自由选择”——我国住房制度改革与住房需求决定因素的变迁 [J]. 制度经济学研究，2010（4）：83-108.

[30] 杜莉，潘春阳，张苏予，蔡江南. 房价上升促进还是抑制了居民消费——基于我国 172 个地级城市面板数据的实证研究 [J]. 浙江社会科学，2010（8）：24-30.

[31] Esther Fung. 专家质疑城市化对住房需求的拉动作用 [N]. 华尔街日报中文版，2014-10-10.

[32] 范红忠，张婷，李名良. 城市规模、房价与居民收入差距 [J]. 当代财经，2013（12）：5-12.

[33] 范剑勇，莫家伟. 城市化模式与经济发展方式转变——兼论城市化的方向选择 [J]. 复旦学报社会科学版，2013，55（3）：65-73.

[34] 范剑勇，莫家伟，张吉鹏. 居住模式与中国城镇化——基于土地供给视角的经验研究 [J]. 中国社会科学，2015（4）：44-63.

[35] 樊漪，易君健，张俊森. 中国的纵向不平等不断恶化 [N]. 华

尔街日报中文版，2013-07-29.

[36] 范言慧，席丹，殷琳. 繁荣与衰落：中国房地产业扩张与“荷兰病”[J]. 世界经济，2013（11）：27-50.

[37] 费孝通. 中国城镇化道路 [M]. 呼和浩特：内蒙古人民出版社，2010.

[38] 冯华. 一些贫者正从暂时贫困走向跨代贫穷 [N]. 人民日报，2015-01-23.

[39] 符育明. 住房产业的有序发展基于公平的社会共识 [J]. 探索与争鸣，2010a（2）：19-21.

[40] 符育明. 地产税改革：动力和阻力 [J]. 中国改革，2010b（8）：1-2.

[41] 符育明. 中国房地产价格与城市化困境 [J]. 经济资料译丛，2013（2）：1-12.

[42] 傅十和. 发展和规范我国住房二级市场 [J]. 管理世界，2000（2）：46-57.

[43] 甘犁. 房贷税：更灵活的房价调控方式 [N]. 第一财经日报，2012-12-26.

[44] 甘犁. MTO 租房补贴对我国的启示 [N]. 第一财经日报，2013-04-24.

[45] 甘犁. 中国空置近 5000 万套房说法是对城镇化误解 [N]. 第一财经日报，2014-10-27.

[46] 甘犁. 住房市场下行趋势将延续至 2016 年 [N]. 南方都市报，2015-01-21.

[47] 甘犁，尹志超，贾男，徐舒，马双. 中国家庭金融调查报告 2012 [M]. 成都：西南财经大学出版社，2012.

[48] 甘犁，尹志超，贾男，徐舒，马双. 中国家庭资产状况及住房需求分析 [J]. 金融研究，2013（4）：1-14.

［49］甘犁，尹志超，谭继军. 中国家庭金融调查报告 2014［M］. 成都：西南财经大学出版社，2015.

［50］高波，王文莉，李祥. 预期、收入差距与中国城市房价租金“剪刀差”之谜［J］. 经济研究，2013（6）：100-112.

［51］宫汝凯，黄宗远. 什么推动了中国城镇房价上涨？——来自制度变量的证据［J］. 南方经济，2012（9）：3-16.

［52］龚雯，许志峰，王珂. 七问供给侧结构性改革（权威访谈）［N］. 人民日报，2016-01-04.

［53］郭继强，陆利丽. 工资差异均值分解的一种新改进［J］. 经济学（季刊），2009，8（4）：1257-1280.

［54］郭金兴. 房地产的虚拟资产性质及其中外比较［J］. 上海财经大学学报，2004，6（2）：45-52.

［55］何晓斌，夏凡. 中国体制转型与城镇居民家庭财富分配差距——一个资产转换的视角［J］. 经济研究，2012（2）：28-40.

［56］Henderson J. Vernon. 中国的城市化：面临的政策问题与选择［J］. 城市发展研究，2007，14（4）：32-41.

［57］侯为民，孙咏梅. 中国房地产市场泡沫化程度分析及对策［J］. 社会科学辑刊，2014（3）：80-87.

［58］胡晓. 收入差距与中国房地产价格：理论与实证——兼论当前房地产调控的有效性［J］. 财经科学，2010（12）：83-90.

［59］黄静，屠梅增. 房地产财富与消费：来自于家庭微观调查数据的证据［J］. 管理世界，2009（7）：35-45.

［60］黄奇帆. 建立房地产调控五大长效机制［N］. 第一财经日报，2017-05-31.

［61］纪良纲. 努力打造贯彻落实新发展理念的创新发展示范区［N］. 河北日报，2017-04-12.

［62］纪良纲，田学斌，赵培红. 以创新改革开放统领雄安新区建设

发展［J］. 财经智库，2017，2（3）：24-36.

［63］金碚. 中国经济发展新常态研究［J］. 中国工业经济，2015（1）：5-18.

［64］况伟大. 房产税、地价与房价［J］. 中国软科学，2012（4）：25-37.

［65］况伟大. 房产税开征对预期房价的影响：来自北京市调查问卷的证据［J］. 世界经济，2013（6）：145-160.

［66］况伟大. 房地产税、市场结构与房价［J］. 经济理论与经济管理，2012，V31（1）：10-19.

［67］况伟大. 住房特性、物业税与房价［J］. 经济研究，2009（4）：151-160.

［68］况伟大，马一鸣. 物业税、供求弹性与房价［J］. 中国软科学，2010（12）：25-37.

［69］况伟大，朱勇，刘江涛. 房产税对房价的影响：来自 OECD 国家的证据［J］. 财贸经济，2012（5）：121-129.

［70］雷震，张安全. 预防性储蓄的重要性研究：基于中国的经验分析［J］. 世界经济，2013（6）：126-144.

［71］李超，倪鹏飞，万海远. 中国住房需求持续高涨之谜：基于人口结构视角［J］. 经济研究，2015（5）：118-133.

［72］李兰冰，郭琪，吕程. 雄安新区与京津冀世界级城市群建设［J］. 南开学报（哲学社会科学版），2017（4）：22-31.

［73］李力行，周广肃. 代际传递、社会流动性及其变化趋势：来自收入、职业、教育、政治身份的多角度分析［J］. 浙江社会科学，2014（5）：11-22.

［74］李路路，朱斌. 当代中国的代际流动模式及其变迁［J］. 中国社会科学，2015（5）：14-14.

［75］李猛. 地方政府行为与中国经济波动［M］. 北京：经济管理出

版社，2015.

［76］李任玉，杜在超，何勤英，龚强. 富爸爸、穷爸爸和子代收入差距［J］. 经济学（季刊），2014（4）：231-258.

［77］李善燊，沈悦. 中国“房价之谜”的检验与原因分析［J］. 上海经济研究，2012（8）：42-51.

［78］李文. 我国房地产税收入数量测算及其充当地方税主体税种的可行性分析［J］. 财贸经济，2014（9）：14-25.

［79］李昕，徐滇庆. 房地产供求与演变趋势：澄清一种统计口径［J］. 改革，2014（1）：33-42.

［80］李万峰. 新型城镇化进程中的保障房建设［M］. 北京：经济科学出版社，2014.

［81］李秀婷，董纪昌. 我国城市房地产市场划分：基于供需分布的视角［J］. 经济管理，2014（7）：140-150.

［82］李雪松，黄彦彦. 房价上涨、多套房决策与中国城镇居民储蓄率［J］. 经济研究，2015（9）：100-113.

［83］李扬，张晓晶. “新常态”经济发展的逻辑与前景［J］. 经济研究，2015（5）：4-19.

［84］李永友. 房价上涨的需求驱动和涟漪效应——兼论我国房价问题的应对策略［J］. 经济学（季刊），2014，13（1）：443-464.

［85］李煜. 代际流动的模式：理论理想型与中国现实［J］. 社会，2009（6）：60-84.

［86］廉永辉，张琳. 房地产流动性、资产证券化和房价上涨［J］. 世界经济文汇，2015（4）：93-110.

［87］梁琦，陈强远，王如玉. 户籍改革——劳动力流动与城市层级体系优化［J］. 中国社会科学，2013（12）.

［88］林家彬. 我国“城市病”的体制性成因与对策研究［J］. 城市规划学刊，2012（3）：16-22.

[89] 刘洪玉，孙峤. 房地产价格与房地产经济学研究 [J]. 建筑经济，2006（2）：12-15.

[90] 刘洪玉. 房产税改革的国际经验与启示 [J]. 改革，2011（2）：84-88.

[91] 刘甲炎，范子英. 中国房产税试点的效果评估：基于合成控制法的研究 [J]. 世界经济，2013（11）：177-135.

[92] 刘精明，李路路. 阶层化：居住空间、生活方式、社会交往与阶层认同——我国城镇社会阶层化问题的实证研究 [J]. 社会学研究，2005（3）：52-81.

[93] 刘蓉，张巍，陈凌霜. 房地产税收入测算与地方财政收入可持续增长——基于中国家庭金融调查数据 [R]. 2014 年“中国房地产市场的现状与未来”学术论坛会议论文，2014.

[94] 刘婷婷，张典. 消费需求、投资需求与家庭住房消费决策——基于微观调查数据的分析 [J]. 消费经济，2015（1）：3-9.

[95] 刘万玲. 雄安新区体制机制改革创新的设想 [N]. 凤凰财经，2017-05-01.

[96] 刘伟，苏剑. “新常态”下的中国宏观调控 [J]. 经济科学，2014（4）：5-13.

[97] 陆铭. 建设用地使用权跨区域再配置——中国经济增长的新动力 [J]. 世界经济，2011（1）：107-125.

[98] 陆铭. 空间的力量：地理、政治与城市发展 [M]. 上海：格致出版社，2013.

[99] 陆铭. 大国之城：当代中国的同样、发展与平衡 [M]. 上海：上海人民出版社，2016.

[100] 陆铭，张爽. “人以群分”：非市场互动和群分效应的文献评论 [J]. 经济学（季刊），2007，6（3）：991-1020.

[101] 陆铭，陈钊. 为什么土地和户籍制度需要联动改革——基于中

国城市和区域发展的理论和实证研究［J］. 学术月刊，2009，41（9）：78-84.

［102］陆铭，张航，梁文泉. 偏向中西部的土地供给如何推升了东部工资［J］. 中国社会科学，2015（5）：59-83.

［103］骆永民，伍文中. 房产税改革与房价变动的宏观经济效应——基于 DSGE 模型的数值模拟分析［J］. 金融研究，2012（5）：1-14.

［104］吕江林. 我国城市住房市场泡沫水平的度量［J］. 经济研究，2010（6）：28-41.

［105］马化腾等. 分享经济［M］. 北京：中信出版社，2016.

［106］马思新，李昂. 基于 Hedonic 模型的北京住宅价格影响因素分析［J］. 土木工程学报，2003（9）：59-64.

［107］迈里克·弗里曼. 环境与资源价值评估——理论与方法［M］. 北京：中国人民大学出版社，2002.

［108］满燕云. 中国的住房改革及成效［M］. 北京：经济管理出版社，2012.

［109］倪鹏飞. 中国住房发展报告［M］. 北京：社会科学文献出版社，2010-2016.

［110］聂辉. 张家口崇礼变身记：房价已过万购房者多来自北京［N］. 京华日报，2015-12-07.

［111］潘玥斐. 以共享发展增进人民福祉［N］. 中国社会科学报，2017-02-08.

［112］托马斯·皮凯蒂. 21 世纪资本论［M］. 巴曙松译. 北京：中信出版社，2014.

［113］沙雪良. 中央在京部分行政事业单位将落户雄安新区［N］. 新京报，2017-08-22.

［114］沈晓杰. 中国房改的异化和劣变［N］. FT 中文网，2016-11-02.

［115］沈悦，刘洪玉. 住宅价格与经济基本面：1995~2002 年中国 14

城市的实证研究［J］. 经济研究，2004（6）：78-86.

［116］盛洪. 从城市经济学的视角看雄安计划［N］. FT 中文网，2017-04-12.

［117］苏剑. 新供给经济学：理论与实践［M］. 北京：中国人民大学出版社，2016.

［118］苏剑. 解读中长期经济形势［R］. 原富，2017（5）：16-21.

［119］孙峤，郑思齐，刘洪玉. 住宅空置统计的国际比较及借鉴意义［J］. 统计研究，2005，22（8）：8-12.

［120］谭政勋，陈铭. 房价波动与金融危机的国际经验证据：抵押效应还是偏离效应［J］. 世界经济，2012（3）：146-159.

［121］田国强. 房产税改革的监管及长效机制的建立［J］. 改革，2011（2）：136-138.

［122］田利辉. 广义虚拟经济视角下的房地产泡沫及其经济治理［J］. 中国高校社会科学，2014（3）：117-126.

［123］王重润，张超. 房价波动及其宏观经济效应研究［M］. 北京：经济管理出版社，2013.

［124］王国军，刘水杏. 房地产业对相关产业的带动效应研究［J］. 经济研究，2004（8）：38-47.

［125］王家庭，曹清峰. 房产税能够降低房价吗——基于 DID 方法对我国房产税试点的评估［J］. 当代财经，2014（5）：34-44.

［126］王江，廖理，张保金. 消费金融研究综述［J］. 经济研究，2010（s1）：5-29.

［127］王军. 中国房地产市场的偏向及矫正［J］. 学术评论，2012（1）：14-20.

［128］王敏，黄滢. 限购和房产税对房价的影响：基于长期动态均衡的分析［J］. 世界经济，2013（1）：141-159.

［129］王轶军，郑思齐，龙奋杰. 城市公共服务的价值估计、受益者

分析和融资模式探讨［J］. 城市发展研究，2007，14（4）：46-53.

［130］王松涛，任荣荣，龙奋杰. 住房市场的政府干预：来自新加坡的启示［J］. 城市发展研究，2008，15（3）：121-127.

［131］王希岩. 房地产税改革与地方公共财政建设［N］. 第一财经日报，2013a-09-23.

［132］王希岩. 从地方财政到地方公共财政——我国地方财政体制演化的内在趋势［J］. 地方财政研究，2013b（7）：30-36.

［133］王希岩. 中国不动产税优化研究［M］. 北京：人民出版社，2015.

［134］王小鲁. 中国城市化路径与城市规模的经济学分析［J］. 经济研究，2010（10）：20-32.

［135］王文春，荣昭. 房价上涨对工业企业创新的抑制影响研究［J］. 经济学（季刊），2014，13（2）：465-490.

［136］韦志超，易纲. 物业税改革与地方公共财政［J］. 经济研究，2006（3）：15-24.

［137］魏杰，杨林. 实施供给侧改革，优化供给结构［J］. 税务研究，2016（2）：7-12.

［138］文贯中. 重归内生型城市化道路——关于中国特色与普遍规律的辨析［J］. 人民论坛·学术前沿，2014（2）：73-81.

［139］温来成，张偲. 新型城镇化进程中公共住房制度及其财税政策匹配［J］. 改革，2013（9）：48-56.

［140］文雁兵. 包容性增长减贫策略研究［J］. 经济学家，2015（4）：82-90.

［141］武义青，柳天恩，窦丽琛. 建设雄安创新驱动发展引领区的思考［J］. 经济与管理，2017，31（3）：1-5.

［142］谢洁玉，吴斌珍，李宏彬，郑思齐. 中国城市房价与居民消费［J］. 金融研究，2012（6）：13-27.

［143］徐春华. 我国房地产调控的政策困境及其长效机制初探——基于动态一致性理论的检视与设想［J］. 兰州学刊，2012（8）：127-131.

［144］徐滇庆. 房地产的数字审美——新增住房与空置率新辩［J］. 中国房地产业，2014（8）：24-27.

［145］徐滇庆. 房价和房租［J］. 金融论坛，2010（10）：9-10，35.

［146］徐建国. 低利率推高房价：来自中国、美国和日本的证据［J］. 上海金融，2011（12）：5-13.

［147］徐建炜，徐奇渊，何帆. 房价上涨背后的人口结构因素：国际经验与中国证据［J］. 世界经济，2012（1）：24-42.

［148］徐晓军，沈新坤. 城市贫富分区与社区的阶层化［J］. 华中师范大学学报，2008（1）：70-75.

［149］许飞琼. 降低住房空置率与实现住有所居的合理政策取向——来自澳大利亚住房租赁补贴计划的启示［J］. 财政研究，2013（3）：75-77.

［150］严金海，丰雷. 中国住房价格变化对居民消费的影响研究［J］. 厦门大学学报（哲学社会科学版），2012（2）：71-78.

［151］杨靖，张嵩，汪冬宁. 保障性住房的选址策略研究［J］. 城市规划，2009（12）：53-58.

［152］杨开忠. 雄安新区规划建设要处理好的几个重要关系［J］. 经济学动态，2017（7）：8-10.

［153］叶光亮，邓国营，黎志刚. 个人住房贷款行为与房贷调控的有效性分析［J］. 经济研究，2011（s1）：105-115.

［154］尹志超，甘犁. 中国住房改革对家庭耐用品消费的影响［J］. 经济学（季刊）2009（9）：53-72.

［155］余呈先. 我国房地产市场供给侧管理的动因与对策［J］. 宏观经济研究，2016（5）：73-78.

［156］于建嵘. 新型城镇化：权力驱动还是权利主导［J］. 探索与争

鸣，2013（9）：8-12.

［157］虞晓芬，黄忠华. 自有住宅者与租赁住宅者居住满意度影响因素的实证研究：以杭州市为例［J］. 财贸经济，2010（7）：122-126.

［158］袁志刚，樊潇彦. 房地产市场理性泡沫分析［J］. 经济研究，2003（3）：34-43.

［159］约翰·伊特韦尔，默里·米尔盖特，彼特·纽曼. 新帕尔格雷夫经济学大辞典（中译本）［M］. 北京：经济科学出版社，1996.

［160］张车伟，蔡翼飞. 中国城镇化格局变动与人口合理分布［J］. 中国人口科学，2012（6）：44-57.

［161］张可云. 雄安新区的集聚规模与结构探讨［J］. 中国工业经济，2017（11）：32-41.

［162］张克. 从物业税设想到房产税试点——转型期中国不动产税收政策变迁研究［J］. 公共管理学报，2014（3）：24-37.

［163］张清勇. 房价收入比的起源、算法与应用：基于文献的讨论［J］. 财贸经济，2011（12）：114-119.

［164］张清勇. 中国住房保障百年：回顾与展望［J］. 财贸经济，2014，35（4）：116-124.

［165］赵婧. 房产税和城镇土地使用税考虑合并［N］. 经济参考报，2014-07-29.

［166］赵西亮，梁文泉，李实. 房价上涨能够解释中国城镇居民高储蓄率吗？——基于 CHIP 微观数据的实证分析［J］. 经济学（季刊），2013，13（4）：81-102.

［167］郑思齐，孙伟增，满燕云. 房产税征税条件和税收收入的模拟测算与分析［J］. 广东社会科学，2013（4）：5-15.

［168］郑思齐，孙伟增，满燕云. 征收房产税的民意调查——对四个重点城市的调研数据分析［R］. 北京大学林肯研究中心工作论文 No. W110，2012.

[169] 郑永年. 房地产是如何绑架中国经济的 [J]. 新产经，2016 (1)：58-60.

[170] 中国家庭金融调查与研究中心. 城镇住房空置率及住房市场发展趋势 [R]. 成都：西南财经大学，2014.

[171] 周京奎等. 中国住房消费发展报告（1998~2015）[M]. 北京：经济科学出版社，2016.

[172] 朱国钟，颜色. 住房市场调控新政能够实现“居者有其屋”吗？——一个动态一般均衡的理论分析 [J]. 经济学（季刊），2014，13 (1)：103-126.

[173] Abadie A., Gardeazabal J. The Economic Costs of Conflict：A Case Study of the Basque Country [J]. American Economic Review，2003，93 (1)：112-132.

[174] Abadie A., Diamond A., Hainmueller J. Comparative Politics and the Synthetic Control Method [J]. American Journal of Political Science，2015，59（2）：495-510.

[175] Abadie A., Diamond A., Hainmueller J. Synthetic Control Methods for Comparative Case Studies：Estimating the Effect of California's Tobacco Control Program [J]. Journal of the American Statistical Association，June，2010，105（490）：493-505.

[176] Alonso W. The Economics of Urban Size [J]. Papers of the Regional Science，1971，26（1）：67-83.

[177] Angrist J. D., Jorn - Steffen Pischke. Mostly Harmless Econometrics [M]. New Jersey：Princeton University Press，2008.

[178] Aron J., Muellbauer J., Murphy A. Housing Wealth and UK Consumption [J]. Economic Outlook，2006，30（4）：11-20.

[179] Au C. C., Henderson J. V. Are Chinese Cities too Small? [J]. Review of Economic Studies，2006，73（3）：549-576.

[180] Bai C., Li Q., Ouyang M. Property Taxes and Home Prices: A Tale of Two Cities [J]. Journal of Econometrics, 2014 (180): 1-15.

[181] Becker G. S., Tomes N. An Equilibrium Theory of the Distribution of Income and Intergenerational Mobility [J]. Journal of Political Economy, 1979, 87 (6): 1153-1189.

[182] Becker G. S., Tomes N. Human Capital and the Rise and Fall of Families [J]. Journal of Labor Economics, 1986, 4 (3): 1-47.

[183] Benabou R., Ok E. A. Social Mobility and the Demand for Redistribution: The POUM Hypothesis [J]. Quarterly Journal of Economics, 2001, 116 (2): 447-487.

[184] Berger M. C., Blomquist G. C., Peter K. S. Compensating Differentials in Emerging Labor and Housing Markets: Estimates of Quality of Life in Russian Cities [J]. Journal of Urban Economics, 2008, 63 (1): 25-55.

[185] Bertaut C., Starr-McMluer M. Household Portfolios in the United States [C]. Working Paper of Federal Reserve System in America, 2000.

[186] Bertrand M., Duflo E., Mullainathan S. How Much should We Trust Difference-in-Difference Estimates? [J]. The Quarterly Journal of Economics, 2004, 119 (1): 249-275.

[187] Bhatia K. B. Capital Gains and the Aggregate Consumption Function [J]. American Economic Review, 1972 (62): 866-879.

[188] Black D., Henderson V. Urban Evolution in the USA [J]. Journal of Economic Geography, 2003, 3 (4): 343-372.

[189] Black S. E., Devereux P. "Recent Developments in Intergenerational Mobility" in Handbook of Labor Economics [C]. edited by Orley Ashenfelter and David Card, North Holland Press, Elsevier, 2011, Volume 4, Part B.

[190] Blanden J. Cross-Country Rankings in Intergenerational Mobility:

A Comparison of Approaches from Economics and Sociology [J]. Journal of Economic Surveys, 2013, 27 (1): 38-73.

[191] Blau P. M., Ruan D. Inequality of Opportunity in Urban China and America [J]. Research in Social Stratification and Mobility, 1990 (9): 3-32.

[192] Blinder A. S. Wage Discrimination: Reduced Form and Structural Estimations [J]. The Journal of Human Resources, 1973, 8 (4): 436-455.

[193] Blow L., Nesheim L. Dynamic Housing Expenditure and Household Welfare [Z]. Cemmap Working Paper, 2010.

[194] Calcagno R., Rornero E., Rossi M. C. The Effect of House Prices on Household Consumption in Italy [J]. The Journal of Real Estate Finance and Economics, 2009, 39 (3): 284-300.

[195] Campbell J. Y., Cocco J. F. How do House Price Affect Consumption? Evidence from Micro Data [J]. Journal of Monetary Economics, 2007 (54): 9-64.

[196] Case K. E., Quigley J. M., Shiller R. J. Comparing Wealth Effects: The Stock Market versus the Housing Market [J]. Advances in Macroeconomics, 2005 (5): 1-34.

[197] Cavallo E., Galiani S., Noy I., Pantano J. Catastrophic Natural Disasters and Economic Growth [J]. Review of Economics and Statistics, 2013, 95 (5): 1549-1561.

[198] Chen J. Reevaluate the Association between Housing Wealth and Aggregate Consumption: New Evidence from Sweden [J]. Journal of Housing Economics, 2006 (15): 321-348.

[199] Chetty R., Hendren N., Kline P., Saez E. Where is the Land of Opportunity? The Geography of Intergenerational Mobility in the United States [J]. Quarterly Journal of Economics, 2014a, 129 (4): 1553-1623.

[200] Chetty R., Hendren N., Kline P., Saez E., Turner N. Is the U-

nited States Still a Land of Opportunity? Recent Trends in Intergenerational Mobility [J]. American Economic Review Papers and Proceedings, 2014b, 104 (5): 141-147 .

[201] Cho S., Choi P. Introducing Property Tax in China as an Alternative Financing Source [J]. Land Use Policy, 2014 (38): 580-586.

[202] Corak M. Income Inequality, Equality of Opportunity, and Intergenerational Mobility [J]. Journal of Economic Perspectives, Summer, 2013, 27 (3): 79-102.

[203] Corak M., Lindquist M. J., Mazumder B. A. Comparison of Upward and Downward Intergenerational Mobility in Canada, Sweden and the United States [J]. Labour Economics, 2014 (30): 185-200.

[204] Cotton J. On the Decomposition of Wage Differentials [J]. Review of Economics and Statistics, 1988, 70 (2): 236-243.

[205] Court A. Hedonic Price Indexes with Automotive Examples [C]. in: Charles F. Roos (eds), The Dynamics of Automotive Demand, 1939: 99-117.

[206] Davidoff T., Ioannides Y. M. Social Interactions [J]. Annual Review of Economics, 2010 (2): 451-478.

[207] Deaton A. Health, Inequality, and Economic Development [J]. Journal of Economic Literature, 2003, 41 (1): 113-158.

[208] Deng G., Gan L., Hernandez M. A. Do Natural Disasters Cause an Excessive Fear of Heights? Evidence from the Wenchuan Earthquake [J]. Journal of Urban Economics, 2015 (90): 79-89.

[209] Denise D., Wheaton W. C. Urban Economics and Real Estate Markets [M]. New Jersey: Prentice-Hall, Inc, 1996.

[210] Dickens W. T., Lang K. A Test of Dual Labor Market Theory [J]. American Economic Review, 1985, 75 (4): 792-805.

[211] DiPasquale D., Glaeser E. Incentives and Social Capital: Are Homeowners Better Citizens? [J]. Journal of Urban Economics, 1999 (45): 354-384.

[212] DiPasquale D., W. Wheaton. Urban Economics and Real Estate Markets [M]. New Jersey: Prentice Hall, 1995.

[213] Du Z., L. R., He Q., Zhang L. Decomposing the Rich Dad Effect on Income Inequality Using Instrumental Variable Quantile Regression [J]. China Economic Review, 2014 (31): 379-391.

[214] Dubin R., Sung C. Specification of Hedonic Regressions: Non-Nested Tests on Measures of Neighborhood Quality [J]. Journal of Urban Economics, 1990 (27): 97-110.

[215] Engelhardt V. G. House Price and Home Owner Saving Behavior [J]. Regional Science and Urban Economics, 1995, 26 (3-4): 313-336.

[216] Fan Y. Intergenerational Income Persistence and Transmission Mechanism: Evidence from Urban China [J]. China Economic Review, 2016 (41): 299-314.

[217] Featherman D. L., Jones F. L., Hauser R. M. Assumptions of Social Mobility Research in the United States: The Case of Occupational Status [J]. Social Science Research, 1975, 4 (4): 329-360.

[218] Fu S. What has been Capitalized into Property Values: Human Capital, Social Capital, or Cultural Capital? [Z]. U. S. Census Bureau Center for Economic Studies Working Paper, 2005.

[219] Fu S. Smart Café Cities: Testing Human Capital Externalities in the Boston Metropolitan Area [J]. Journal of Urban Economics, 2007 (61): 86-111.

[220] Fu S. Sexual Orientation and Neighborhood Quality: Do Same-Sex Couples Make Better Communities? [Z]. Southwestern University of Finance and

Economics Working Paper, 2008.

[221] Fu Y. A Model of Housing Tenure Choice: Comment [J]. American Economic Review, 1991, 81 (1): 381-383.

[222] Gabriel S. A., J. P. Mattey, W. L. Wascher. Compensating Differentials and Evolution in the Quality - of - life among U. S. States [J]. Regional Science and Urban Economics, 2003, 33 (5): 619-649.

[223] Gan J. Housing Wealth and Consumption Growth: Evidence from a Large Panel of Households [J]. Review of Financial Studies, 2010 (23): 2229-2267.

[224] Gourinchas P. O., Parker J. A. Consumption over Life Cycle [J]. Econometrica, 2002 (70): 47-89.

[225] Gong H., Leigh A., Meng X. The Trend and Mechanism of Intergenerational Income Mobility in China [J]. Review of Income and Wealth, September, 2012, 58 (3): 481-503.

[226] Handley K., Limao N. Policy Uncertainty, Trade and Welfare: Theory and Evidence for China and the U. S. [J]. American Economic Review, 2017, forthcoming.

[227] Heckman J. J. Sample Selection Bias as a Specification Error [J]. Econometrica, 1979, 47 (1): 153-162.

[228] Heckman J. J., Mosso S. The Economics of Human Development and Social Mobility [J]. Annual Review of Economics, 2014, 6 (6): 689-733.

[229] Henderson J. V., Ioannides Y. M. A Model of Housing Tenure Choice [J]. American Economy Review, 1983, 73 (1): 98-113.

[230] Hertz T., Tamara J., Patrizio P., Sibel S., Nicole S., Alina V. The Inheritance of Educational Inequality: International Comparison and Fifty Year Trends [J]. The B. E. Journal of Economic Analysis & Policy, 2007, 7

(2): 1775-1775.

[231] Hnatkovska V., Lahiri A., Paul S. B. Breaking the Caste Barrier Intergenerational Mobility in India [J]. Journal of Human Resources, Spring, 2013, 48 (2): 435-473.

[232] Holmlund H., Lindahl M., Plug E. The Causal Effect of Parents' Schooling on Children's Schooling [J]. Journal of Economic Literature, 2011, 49 (11): 615-651 (37).

[233] Hout M. "How Inequality may Affect Intergenerational Mobility" in "Social Mobility" [J]. edited by Neckerman K. M., Russell Sage Foundation, 2004.

[234] Hsiao C., Ching H. S., Wan S. K. A Panel Data Approach for Program Evaluation: Measuring the Benefit of Political and Economic Integration of Hong Kong with Mainland China [J]. Journal of Applied Econometrics, 2012 (27): 705-740.

[235] Ioannides Y. Residential Neighborhood Effects [J]. Regional Science and Urban Economics, 2002 (32): 145-165.

[236] Jim C. Y., Chen W. Consumption Preferences and Environmental Externalities: A Hedonic Analysis of the Housing Market in Guangzhou [J]. Geoforum, 2007 (38): 414-431.

[237] Jin Y., Li H. B., Wu B. Z. Income Inequality, Consumption, and Social-Status Seeking [J]. Journal of Comparative Economics, 2011 (39): 191-204.

[238] Kerckhoff A. C., Campbell R. T., Winfield-Laird I. Social Mobility in Great Britain and the United States [J]. American Journal of Sociology, September, 1985, 91 (2): 281-308.

[239] King T., Mieszkowski P. Racial Discrimination, Segregation, and the Price of Housing [J]. Journal of Political Economy, 1973 (81): 590-

606.

[240] Kling J. R., Liebman J. B., Katz L. F. Experimental Analysis of Neighborhood Effects [J]. Econometrica, 2007, 75 (1): 83-119.

[241] Kling J. R., Jens L., Katz L. F. Neighborhood Effects on Crime for Female and Male Youth: Evidence from a Randomized Housing Voucher Experiment [J]. Quarterly Journal of Economics, 2005, 120 (1): 87-130.

[242] Knoll K., Schularick M., Steger T. No Price Like Home: Global House Prices, 1870 - 2012 [J]. American Economic Review, 2017, 107 (2): 331-353.

[243] Li H., Liu P., Zhang J., Ma N. Economic Returns to Communist Party Membership: Evidence from Urban Chinese Twins [J]. The Economic Journal, October, 2007, 117 (523): 1504-1520.

[244] Li W., Yao R. The Life-Cycle Effects of House Price Changes [J]. Journal of Money, Credit and Banking, 2007 (39): 1375-1409.

[245] Liang L. Local Taxes and Government Choice of Public Goods in a Spatial Equilibrium Model [D]. PhD dissertation in National University of Singapore, 2014.

[246] Liao W. C., Zhao D., Sing T. F. Risk Attitude and Housing Wealth Effect [J]. The Journal of Real Estate Finance and Economics, April, 2014, 48 (3): 467-491.

[247] Long J., Ferrie J. Intergenerational Occupational Mobility in Great Britain and the United States since 1850: Comment [J]. American Economic Review, 2013, 103 (5): 2041-2049.

[248] Ludwig J., Duncan G. J., Gennetian L. A., et al. Long-Term Neighborhood Effects on Low-Income Families: Evidence from Moving to Opportunity [J]. American Economic Review, 2013, 103 (3): 226-231.

[249] Ludwig J., Duncan G. J., Hirschfield P. Urban Poverty and Ju-

venile Crime: Evidence from a Randomized Housing-mobility Experiment [J]. Quarterly Journal of Economics, 2001, 116 (2): 655-680.

[250] Ludwig J., Duncan G. J., Pinkston J. C. Housing Mobility Programs and Economic Self-sufficiency: Evidence from a Randomized Experiment [J]. Journal of Public Economics, 2005 (89): 131-156.

[251] Ludwig J., Duncan G. J., Gennetian L. A., Katz L. F., Kessler R. C., Kling J. R., Sanbonmatsu L. Neighborhood Effects on the Long-Term Well-Being of Low-Income Adults [J]. Science, 2011, 337 (6101): 1505-1510.

[252] Mankiw G., Weil D. N. The Baby Boom, the Baby Bust, and the Housing Market [J]. Regional Science and Urban Economics, 19 (2): 235-258.

[253] Manski C. Identification of Endogenous Social Effects: The Reflection Problem [J]. Review of Economic Studies, 1993 (60): 531-542.

[254] Mian A., Sufi A. House Prices, Home Equity-Based Borrowing, and the US Household Leverage Crisis [J]. American Economic Review, 2011, 101 (5): 2132-2156.

[255] Mok H., Chan P. P. K., Cho Y. A Hedonic Price Model for Private Properties in Hong Kong [J]. The Journal of Real Estate Finance and Economics, 1995 (10): 37-48.

[256] Munnell A. H., Soto M. The Housing Bubble and Retirement Security [Z]. Working Paper of Center for Retirement Research at Boston College, 2008.

[257] Neuman S., Oaxaca R. Wage Decompositions with Selectivity-Corrected Wage Equations: A Methodological Note [J]. Journal of Economic Inequality, 2004, 2 (1): 3-10.

[258] Neumark D. Employers' Discriminatory Behavior and the

Estimation of Wage Discrimination [J]. Journal of Human Resources, 1988, 23 (3): 279-295.

[259] Oates, W. E. The Effect of Property Taxes and Local Public Spending on Property Values: An Empirical Study of Tax Capitalization and Tiebout Hypothesis [J]. Journal of Political Economy, 1969, 77 (6): 957-971.

[260] Oaxaca R. Male-Female Wage Differentials in Urban Labor Markets [J]. International Economic Review, 1973, 14 (3): 693-709.

[261] Oikarinen E. The Diffusion of Housing Price Movements from Centre to Surrounding Areas [Z]. ETLA Discussion Papers #978, 2005.

[262] Phang S. House Prices and Aggregate Consumption: Do they Move Together? Evidence from Singapore [J]. Journal of Housing Economics, 2004 (13): 101-119.

[263] Piketty T. Capital in the Twenty-first Century [M]. Cambridge Massachusetts: Harvard University Press, 2014.

[264] Qin X., Wang T., Zhuang C. C. Intergenerational Transfer of Human Capital and its Impact on Income Mobility: Evidence from China [J]. China Economic Review, 2014 (38): 306-321.

[265] Quigley J. M., Raphael S. Is Housing Unaffordable? Why Isn't It More Affordable? [J]. Journal of Economic Perspectives, 2004, 18 (1): 191-214.

[266] Rauch J. E. Productivity Gains from Geographic Concentration of Human Capital: Evidence from the Cities [J]. Journal of Urban Economics, 1993, 34 (3): 380-400.

[267] Reardon S. F. Measures of Income Segregation [Z]. CEPA Working Paper, 2011.

[268] Ren Y., Xiong C., Yuan Y. House Price Bubbles in China [J].

China Economic Review, 2012 (23): 786-800.

[269] Roback J. Wages, Rent, and Quality of Life [J]. Journal of Political Economy, 1982 (90): 1257-1278.

[270] Rosen S. Hedonic Prices and Implicit Markets: Product Differentiation in Perfect Competition [J]. Journal of Political Economy, 1974 (82): 34-55.

[271] Rosen K. T. The Impact of Proposition 13 on House Prices in Northern California: A Test of the Interjurisdictional Capitalization Hypothesis [J]. Journal of Political Economy, 1982, 90 (1): 191-200.

[272] Rosiers F., Theriault M., Villeneuve, P. Sorting out Access and Neighbourhood Factors in Hedonic Price Modeling [J]. The Journal of Property Investment and Finance, 2000 (18): 291-315.

[273] Saez E., Zucman G. Wealth Inequality in the United States Since 1913: Evidence from Capitalized Income Tax Data [J]. Quarterly Journal of Economics, 2016, 131 (2): 519-578.

[274] Saez E. Income and Wealth Inequality: Evidence and Policy Implications [J]. Contemporary Economic Policy, 2017, 35 (1): 7-25, 26-28.

[275] Saiz A. The Geographic Determinants of Housing Supply [J]. The Quarterly Journal of Economics, 2010, 125 (3): 1253-1296.

[276] Sato H. Housing Inequality and Housing Poverty in Urban China in the Late 1990s [J]. China Economic Review, 2006, 17 (1): 37-80.

[277] Song Y. What Should Economists Know about the Current Chinese Hukou System [J]. China Economic Review, 2014 (29): 200-212.

[278] Song Y., Zenou Y. Property Tax and Urban Sprawl: Theory and Implications for US Cities [J]. Journal of Urban Economics, 2006 (60): 519-534.

[279] Soo K. T. Zipf's Law for Cities: a Cross-country Investigation

[J]. Regional Science and Urban Economics, 2005, 35 (3): 239-263.

[280] Sousa R. M. Financial Wealth, Housing Wealth, and Consumption [J]. International Research Journal of Finance and Economics, 2008 (19): 167-191.

[281] Sun W., Wang X., Bai C. Income Inequality and Mobility of Rural Households in China from 2003 to 2006 [J]. China Agricultural Economic Review, 2014, 6 (1): 73-91.

[282] Tiebout C. M. A Pure Theory of Local Expenditures [J]. Journal of Political Economy, 1956 (64): 416-424.

[283] Wang Z., Zhang Q. Fundamental Factors in the Housing Markets of China [J]. Journal of Housing Economics, 2014 (25): 53-61.

[284] Wang S., Yang Z., Liu H. Impact of Urban Economic Openness on Real Estate Prices: Evidence from Thirty-five Cities in China [J]. China Economic Review, 2011 (22): 42-54.

[285] Wang S. Credit Constraints, Job Mobility, and Entrepreneurship: Evidence from a Property Reform in China [J]. Review of Economics and Statistics, 2012, 94 (2): 532-551.

[286] Wang X., Wen Y. Can Rising Housing Price Explain China's High Household Saving Rate? [J]. Federal Reserve Bank of St. Louis Review, 2011 (93): 67-88.

[287] Wu G., Feng Q., Li P. Does Local Governments' Budget Deficit Push up Housing Prices in China? [J]. China Economic Review, 2015 (35): 183-196.

[288] Wu J., Gyourko J., Deng Y. Evaluating the Risk of Chinese Housing Markets: What We Know and What we Need to Know [J]. China Economic Review, 2015 (39): 91-114.

[289] Wu X., Treiman D. J. Inequality and Equality under Chinese So-

cialism: The Hukou System and Intergenerational Occupational Mobility [J]. American Journal of Sociology, September, 2007, 113 (2): 415-445.

[290] Zheng S., Fu Y., Liu H. Demand for Urban Quality of Living in China: Evidence from Cross-city Land Rent Growth [J]. Journal of Real Estate Finance and Economics, 2009 (38): 194-213.

后　记

本书是我近几年对房地产经济学学习和研究的一个总结。2011 年西南财经大学经济学博士毕业后，我开始在河北经贸大学商学院就职，并成家立业，其间还在女儿出生 6 个月时到新加坡国立大学做了一年访问学者，再回校教书。而立之年正值中国房地产市场蓬勃发展的时期，于国家、于个人，住房均是实实在在而又虚幻不定的商品，房价从买房时的每平方米 8000 元猛增到当前的每平方米 20000 元，切实感受到了宏观环境的向好和资产膨胀的风险。秉承博士导师傅十和教授的研究方向并结合自身兴趣，我在结束博士论文关于大学毕业生劳动力市场的研究后，开始马不停蹄地探索房地产领域。基于前期担任中国家庭金融调查主管的经历和基础，我陆续考察了社区质量如何作用于住房价格、崇礼房价、房价上涨对消费的影响、财富差距对房价上涨的影响、沪渝房产税、空间上的社会流动现象等主题。现在，这些放在经济新常态背景下，终于用“城市住房价格上涨的经济学分析和治理”这一主线串起来了，谨当是对中共十九大的一份学术献礼。

成书之际，首先感谢章节论文合作者的鼎力支持。他们或为高校领导，或为房地产企业高管，可谓日理万机，但均对房地产研究一丝不苟，均是我可敬的前辈和朋友。具体包括：第三章第三节案例分析部分的合作者河北经贸大学商学院李建平教授；第四章核心内容的合作者四川大学经济学院邓国营副教授和四川大学商学院副院长邓富民教授；第六章核心内容的合作者首都经济贸易大学金融学院尹志超教授；第七章核心内容的合作者北京交通大学中国产业安全研究中心博士后、保利地产发展研究院副院长王希岩博士；第八章核心内容的合作者四川大学经济学院邓国营副教授、新加坡国立大学房地产系符育明教授。在章节论文写作中，本人曾有幸得到许多学者、朋友的帮助，具体包括：西南财经大学博士研究生、郑州大学西亚斯国际学院张号栋副教授和首都经济贸易大学金融学院尹志超教授曾对第五章选题一同梳理思路；西南财经大学经济与管理研究院甘犁教授、经济学院徐舒教授慷慨提供 CHFS 数据和研究资料；新加坡国立大学房地产系秦雨博士及厦门大学李培副教授在我第七章的写作中多次交流和指点；崇礼县物价局张占峰局长、陆爱民科长等人对第三章内容的调研工作进行接洽并提供必要资料；河北经贸大学商学院安乔治副教授和王娇同学一同参与崇礼房价调研并讨论。感谢傅十和教授对第三章的建设性评论和海外访学的积极联络工作，傅教授超乎常人的工作精力、富有创造力的直觉和优美的文笔值得后辈不断学习；同时感谢访学合作导师符育明教授对第七章和第八章核心内容的精心指导，在异国他乡，符教授聪慧的大脑和虔诚的信念深深感染了我。

本书的最终出版还得益于诸多人士的支持。感谢河北经贸大学副校长武建奇教授和首都经济贸易大学金融学院院长尹志超教授的欣然作序，两位前辈的学术造诣是深厚的，对我的学术提携也是令人难忘的。河北省社会科学院财贸经济研究所所长颜廷标研究员对房产税的测算和设计提出中肯的修改建议，中国社会科学院和经济管理出版社领导进行耐心审阅，赵亚荣编辑提供细致工作与周到服务，于博洋和刘彤瑶两位研究生及时调整格式，各位高效率的工作极大地促成本书早日问世。感谢河北经贸大学院校两级领导父辈般的关怀，他们大公无私的制度完善正在影响身在其中的每一位师生；感谢父母、兄妹，他们来自远方的一句问候会化解我暂时的困难；感谢岳父母和妻子郝慧媛女士对家庭的长期付出，活蹦乱跳的女儿柴笑桐是我工作的重要动力，但愿日后将更多的欢乐时光献给你们；研究生毕业后能够在资源不甚丰腴的地方财经类院校顽强生存下来实属不易，故最后感谢自己。心中对美好生活的向往时刻提醒我，在既定的资源下，做最好的自己！

柴国俊
2017 年 8 月于河北经贸大学